TOUTANKHAMON

La saga égyptienne de Violaine VANOYEKE *Les Pharaons du Soleil* se déroule sous la XVIIIe dynastie.

Dans le cadre de cette saga, Violaine VANOYEKE a consacré :

– une trilogie à « La Pharaonne » Hatchepsout :

LA PHARAONNE

* *La Princesse de Thèbes*
** *Le Pschent royal*
*** *Le Voyage d'éternité*

– une trilogie au pharaon « Thoutmosis » :

THOUTMOSIS

* *Le Rival d'Hatchepsout*
** *L'Ibis indomptable*
*** *Au royaume du Sublime*

– une trilogie au pharaon « Aménophis » :

AMÉNOPHIS

* *Le Prince de lumière*
** *Le Breuvage d'amertume*
*** *Vénérable Tiyi*

– une trilogie à « Néfertiti et Akhenaton » :

NÉFERTITI ET AKHENATON

* *La Belle est venue*
** *L'Horizon d'Aton*
*** *Le Faucon d'or*

– une trilogie à « TOUTANKHAMON »

* *L'Héritier*
** *La Fille de Néfertiti*
*** *Le Pharaon assassiné* (à paraître)

– une trilogie à « AŸ » (à paraître)

VIOLAINE VANOYEKE

TOUTANKHAMON

**

La Fille de Néfertiti

ROMAN

Michel LAFON

7-13, boulevard Paul-Émile-Victor – Île de la Jatte
92521 Neuilly-sur-Seine Cedex

DU MÊME AUTEUR

L'Art aux yeux pers, Le Cherche-Midi, 1980, *poésie*. Prix Jean Christophe.

Torrent, R.E.M., Lyon, 1983, *poésie*. Album avec interprétation au piano de Violaine Vanoyeke.

L'Harmonie et les arts en poésie, Monaco, 1985, *anthologie*.

Le Mythe en poésie, Monaco, 1986, *anthologie*.

Cœur Chromatique, R.E.M., Lyon, 1986, *poésie*. Album avec accompagnement musical interprété au piano par Violaine Vanoyeke. Interprétations des textes avec Dominique Paturel.

Clair de Symphonie, J. Picollec, 1987, *roman*.

Messaline, Robert Laffont, 1988, *roman*. Traduit en espagnol, portugais, grec, coréen, bulgare, polonais...

Le Druide, Sand, 1989, *roman*.

Au bord du Douro, Lizier, Luxembourg, 1989, *poésie*.

Les Louves du Capitole, Robert Laffont, 1990, *roman*. Prix littéraire de l'été 1990. Traduit en espagnol, portugais...

La Prostitution en Grèce et à Rome, Belles Lettres, 1990, *histoire*. Traduit en espagnol, en grec, en japonais, en tchèque...

Le Crottin du diable, Denoël, 1991, *roman*. Prix de l'Association de l'assurance et des banques, 1992.

Les Bonaparte, Critérion, 1991, *histoire*.

La Naissance des Jeux Olympiques et le sport dans l'Antiquité, Belles Lettres, 1992, *histoire*.

Les Grandes Heures de la Grèce antique, Perrin, 1992, *histoire*. Repris au Grand Livre du Mois.

Les Sévères, Critérion, 1993, *histoire*.

Les Schuller, Presses de la Cité, 1994-1995, *romans* :

* *Les Schuller*, Presses de la Cité, 1994.
** *Le Serment des Quatre Rivières*, Presses de la Cité, 1995.

Hannibal, France-Empire, 1995, *histoire/biographie*.
Paul Éluard, le poète de la liberté, Julliard, 1995, *histoire/biographie*.

Le Secret du pharaon (série), L'Archipel, *romans* :
* *Le Secret du Pharaon*, L'Archipel, 1996. Traduit en espagnol, portugais, catalan, tchèque, slovaque, hongrois... Repris au Grand Livre du Mois (1996), par Succès du Livre (1997), à Presses Pocket (1997), Le Chardon bleu (1997).
** *Une mystérieuse Égyptienne*, L'Archipel, 1997, *roman*. Traduit en espagnol, tchèque, portugais, hongrois, slovaque... Repris par Succès du Livre (1998), à Presses Pocket (1999), Le Chardon bleu (1999).
*** *Le Trésor de la reine-cobra*, L'Archipel, 1999. Traduit en slovaque, tchèque, hongrois... Repris par Succès du Livre, Presses Pocket (1999).

Quand les athlètes étaient des dieux, Les Jeux Olympiques de l'Antiquité, Fleurus, Collection « Encyclopédie Fleurus », 1996, *ouvrage pour la jeunesse*.
Ramsès, série radiophonique, 1995-1996.
Périclès, Tallandier, 1997, *histoire/biographie*. Traduit en portugais, espagnol... Repris au Grand Livre du Mois (1997).

Les Histoires d'amour des pharaons (série), Michel Lafon :
* *Les Histoires d'amour des pharaons : Néfertiti et Akhenaton ; Ramsès II et Néfertari ; Tyi et Ramsès III ; César et Cléopâtre ; Antoine et Cléopâtre*, Michel Lafon, 1997. Traduit en italien, espagnol, turc, portugais, hongrois, tchèque... Repris au Grand Livre du Mois (1997), par Succès du Livre (1999), au Livre de Poche (1999).
** *Les Histoires d'amour des pharaons II : Ahmosis et Ahmès-Néfertari ; Tiâa et Aménophis II ; Tout-Ankh-Amon et Ankhsepaton ; Séthi II et Taousert*, Michel Lafon, 1999. Traduit en espagnol, portugais, hongrois, tchèque... Repris au Livre de Poche (2000).
Chaque histoire a été publiée au Chardon Bleu, en 9 volumes (2000).

La Passionnée, Michel Lafon, 1997, *roman*. Traduit en espagnol...

De la prostitution en Alsace (collectif), Le Verger, 1997, *histoire*.

Les Dynasties pharaoniques (série), Tallandier, *histoire* :
* *Les Ptolémées, derniers pharaons d'Égypte*, Tallandier, 1998. Traduit en espagnol, portugais...

Les Pharaons du Soleil (saga-collection), Michel Lafon :
1) *La Pharaonne Hatchepsout* (trilogie), Michel Lafon, *romans* :
* *La Princesse de Thèbes*, Michel Lafon, 1998. Nouvelle édition, 1999. Traduit en portugais, hongrois, tchèque, turc... Repris au Livre de Poche (2000) et par Succès du Livre (2002). Publié avec le livret « Apprenez les hiéroglyphes avec Hatchepsout ».
** *Le Pschent royal*, Michel Lafon, 1998. Nouvelle édition, 1999. Traduit en portugais, hongrois, tchèque, turc... Repris au Livre de Poche (2000) et par Succès du Livre (2002).
*** *Le Voyage d'éternité*, Michel Lafon, 1999. Traduit en portugais, tchèque, hongrois, turc... Repris au Livre de Poche (2000) et par Succès du Livre (2002).

– *La Pharaonne Hatchepsout* sous coffret (œuvre intégrale), 2002.

2) *Thoutmosis* (trilogie), Michel Lafon, *romans* :
* *Le Rival d'Hatchepsout*, Michel Lafon, 2000. Repris au Grand Livre du Mois, au Livre de Poche (2002), à Succès du Livre.
** *L'Ibis indomptable*, Michel Lafon, 2000. Repris au Grand Livre du Mois, au Livre de Poche (2002).
*** *Au royaume du Sublime*, Michel Lafon, 2000. Repris au Grand Livre du Mois, au Livre de Poche (2002).

3) *Aménophis* (trilogie), Michel Lafon, *romans* :
* *Le Prince de lumière*, Michel Lafon, 2001. Repris au Grand Livre du Mois (2001) au Livre de Poche et par Succès du Livre.
** *Le Breuvage d'amertume*, Michel Lafon, 2001. Repris au Grand Livre du Mois, au Livre de Poche et par Succès du Livre.

*** *Vénérable Tiyi*, Michel Lafon, 2002. Repris au Grand Livre du Mois, au Livre de Poche et par Succès du Livre.

4) *Néfertiti et Akhenaton* (trilogie), Michel Lafon, *romans* :
* *La Belle est venue*, Michel Lafon, 2002. Repris au Grand Livre du Mois (2003) et au Livre de Poche.
** *L'Horizon d'Aton*, Michel Lafon, 2002. Repris au Grand Livre du Mois et au Livre de Poche.
*** *Le Faucon d'or*, Michel Lafon, 2003. Repris au Grand Livre du Mois et au Livre de Poche.

5) *Toutankhamon* (trilogie), Michel Lafon, *romans* :
* *L'Héritier*, Michel Lafon, 2003.
** *La Fille de Néfertiti*, Michel Lafon, 2004.
*** *Le Pharaon assassiné*, Michel Lafon, 2004 (à paraître).

Violaine Vanoyeke, Les Pharaons mènent à la vie éternelle, autobiographie, Michel Lafon, 2001. Repris au Livre de Poche, 2002.

Zénobie, l'héritière de Cléopâtre, histoire, Michel Lafon, 2002. Repris au Livre de Poche.

Les Voluptueuses, de l'Égypte à Rome, histoire, Michel Lafon, 2003. Repris au Grand Livre du Mois (2003), au Livre de Poche.

Discographie

Bach, Beethoven, Debussy, Chopin, R.E.M., Lyon, Violaine Vanoyeke, piano.
Chopin, Debussy, Schumann, R.E.M., Lyon, Violaine Vanoyeke, piano.
Torrent, R.E.M., Lyon, Violaine Vanoyeke, piano.
Cœur chromatique, R.E.M., Lyon, Violaine Vanoyeke, piano.

Violaine Vanoyeke est l'auteur de nombreuses préfaces et articles parus dans des revues spécialisées et dans *Historia, Chroniques de l'Histoire, Le Spectacle du monde, Le Quotidien de Paris, L'Histoire, Science et Vie, France-Soir, Géo, Voyager, Version Femme, Vous et votre avenir, Croisières Magazine, Bon Voyage...*

À Philippe.

À Marie-Françoise et Guy.

« Écoute-moi : choisis une épouse
Pendant que tu es encore jeune.
Qu'elle te donne des fils
Pendant que tu es encore jeune
Car il est primordial d'avoir des enfants. »

Précepte du sage Any
(XVe siècle avant J.-C.)

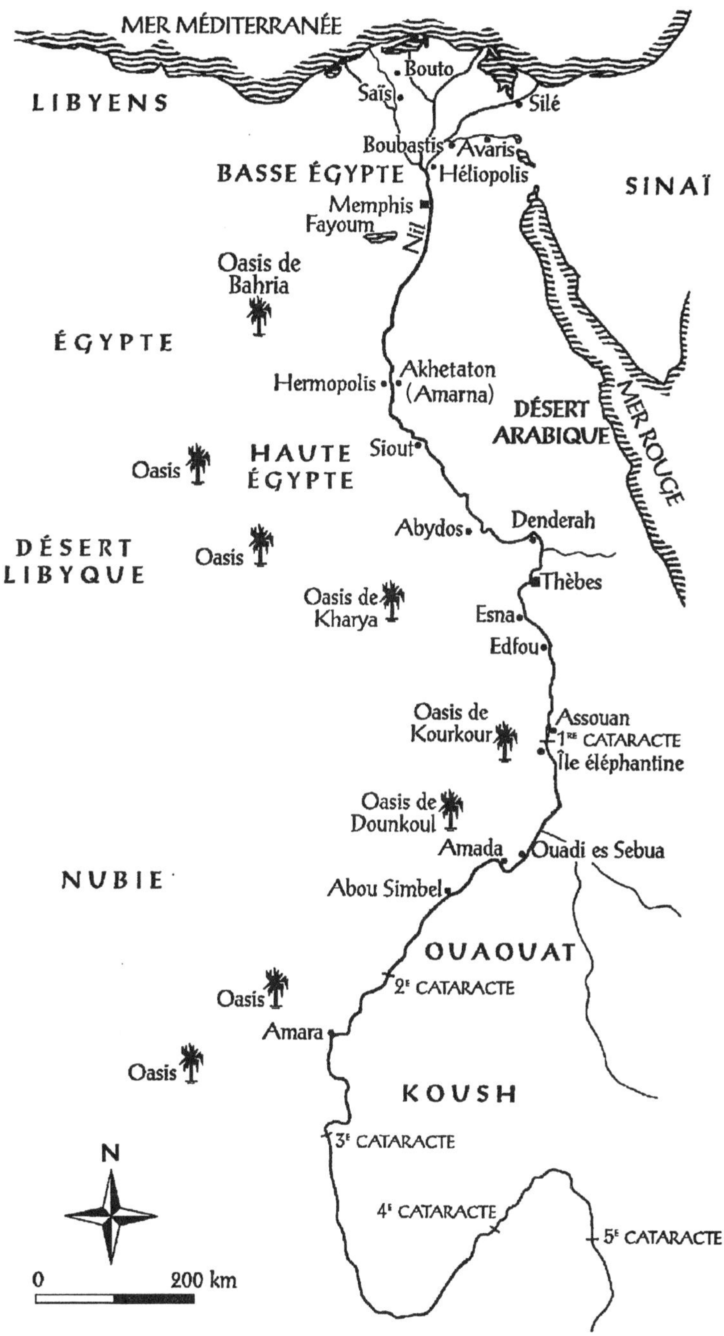

L'Égypte et la Nubie

La Grèce antique et l'Asie

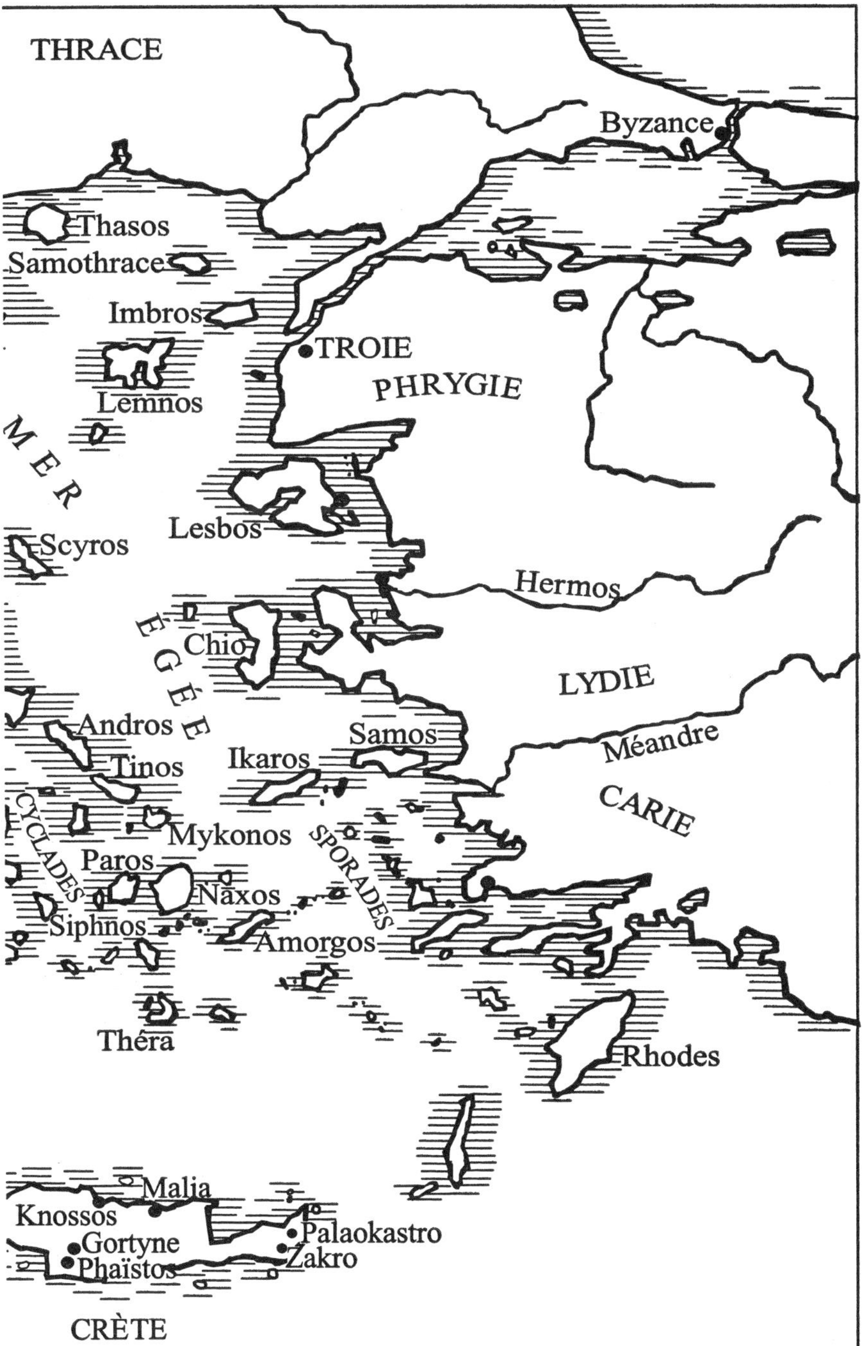
THRACE
Byzance
Thasos
Samothrace
Imbros
TROIE
PHRYGIE
Lemnos
MER
Lesbos
Scyros
Hermos
ÉGÉE
Chio
LYDIE
Andros
Samos
Tinos
Ikaros
Méandre
CARIE
CYCLADES
Mykonos
SPORADES
Paros
Naxos
Siphnos
Amorgos
Théra
Rhodes
Malia
Knossos
Gortyne
Phaïstos
Palaokastro
Zakro
CRÈTE

Anciens pays du Proche-Orient (XVe siècle av. J.-C.)

Avant-propos

La XVIIIe dynastie commence avec le pharaon Ahmosis. Ce roi s'illustra en repoussant des envahisseurs appelés « Hyksos » qui régnèrent en Égypte. Les Indo-Européens s'installaient alors en Asie Mineure.

Aménophis Ier, fils d'Ahmosis et d'Ahmès-Néfertari, et son gendre Thoutmosis Ier surent protéger le territoire de leur ancêtre.

Thoutmosis Ier fut un général exceptionnel. Il eut avec sa première épouse un fils qui fut appelé Thoutmosis II. Marié à sa demi-sœur Hatchepsout, seule héritière de sang royal, Thoutmosis II n'exerça le pouvoir que peu de temps. Il eut une fille avec Hatchepsout : Néférou-Rê. Celle-ci semble morte très jeune bien qu'une inscription fasse peut-être allusion à elle à une époque où Thoutmosis III régnait seul et où Hatchepsout avait disparu. Sans doute Thoutmosis II et Hatchepsout eurent-ils une seconde fille appelée Méryrêt-Hatchepsout II.

Je suis aujourd'hui la seule à avoir reconstitué la vraie vie d'Hatchepsout qui était, lorsque j'ai entrepris ce labeur comme une enquête policière, une véritable énigme. Je suis également la première à m'y être sérieusement intéressée et à y avoir consacré une bonne partie de ma vie. Pendant ces recherches, je n'ai d'ailleurs rencontré personne, sur quelque lieu et dans quelque pays que ce fût qui eût mon objectif : reconstituer au détail près et avec la plus grand minutie possible la vie d'Hatchepsout. Une entreprise gigantesque qui m'a conduite à reconstituer aussi celles de ses aïeux et de ses descendants. Aujourd'hui, alors même que je poursuis ce travail, je suis amenée à sillonner toutes les régions ou à examiner tous les documents et toutes les inscriptions qui permettent encore et toujours de parfaire nos connaissances.

Lorsque j'ai commencé mon travail chez les Égyptiens qui m'appellent depuis « La Pharaonne » et que je l'ai poursuivi en Grèce, à Chypre, au Liban et dans tous les pays où s'étaient rendus les rois de la XVIIIe dynastie, leurs soldats ou leurs fonctionnaires, j'ai avancé, au regard de mes conclusions et des découvertes, des hypothèses qui se sont révélées exactes des années plus tard. Je renvoie les lecteurs à ma trilogie « *La Pharaonne* » *Hatchepsout*[1] et à mon autobiographie *Les pharaons mènent à la vie éternelle*[2], qui est le complément historique indispensable de ma trilogie sur Hatchepsout et de ma saga sur la XVIIIe dynastie. On y trouve la biographie que j'ai reconstituée sur Hatchepsout et j'y décris la manière dont je suis parvenue à donner des réponses à toutes les questions que l'on se posait. Qui était Hatchepsout ? Combien de temps avait-elle régné ? Comment s'était-elle imposée sur le trône alors qu'elle n'était encore qu'une enfant ? Pourquoi son père avait-il décidé de la former à son rôle de roi ? Qui était son architecte Senmout ? Hatchepsout avait-elle combattu en Asie ? En Nubie ? Senmout et Hatchepsout avaient-ils été assassinés ? Néférou-Rê devait-elle prendre la succession

1. Voir la trilogie « *La Pharaonne* » *Hatchepsout*, Violaine VANOYEKE, également parue sous coffret, Éd. Michel Lafon.
2. Voir l'autobiographie, *Les pharaons mènent à la vie éternelle*, Violaine VANOYEKE, Éd. Michel Lafon.

d'Hatchepsout ? Avait-elle été la première Grande Épouse de Thoutmosis III ? Hatchepsout et Thoutmosis III étaient-ils rivaux ? Senmout avait-il voulu devenir pharaon ? Que nous apportaient l'exploration des deux tombes d'Hatchepsout, qui sont extrêmement difficiles d'accès, la première nécessitant des notions d'alpinisme, la seconde étant longue et pentue (*cf.* mon autobiographie) ainsi que l'analyse des deux tombes de Senmout et de celle de ses parents ? Comment s'effectuaient les expéditions dans les pays lointains comme celles du Pount ou du Sinaï ?

Je raconte, là encore dans mon autobiographie, comment je suis repartie sur les pistes des anciens mineurs de turquoise et de malachite au plein cœur du Sinaï, sur des sites difficilement abordables, et comment j'ai reconstitué le parcours des soldats partant en campagne vers l'Asie ou l'Euphrate.

J'ai également apporté des réponses à bien d'autres questions : comment une femme telle qu'Hatchepsout pouvait-elle devenir pharaon ? Comment expliquer ses tranformations et sa volonté d'apparaître en homme ? Comment a-t-elle reconstitué sa naissance divine ? Quelles étaient ses constructions à Karnak et pourquoi certaines d'entre elles ont été jugées trop originales et trop « révolutionnaires » ? Que nous révélait le temple d'Hatchepsout et notamment sa troisième terrasse qui vient d'être ouverte, en partie, au public ? Comment expliquer sur ce temple la double chapelle d'Anubis ? Que nous apportait l'inestimable inscription du sanctuaire du Speos Artemidos en Moyenne Égypte construit par Hatchepsout et Thoutmosis en l'honneur de Pakhet ? J'ai également publié à ce sujet de nombreux articles scientifiques et les journalistes m'accompagnent régulièrement, depuis des années, sur les lieux de mes travaux, rendant ainsi compte de l'avancée de cette gigantesque entreprise.

Depuis la parution de mes ouvrages et articles, d'autres livres ont été publiés sur le sujet reprenant mes conclusions d'une manière souvent confuse et ne citant pas toujours leurs sources... Or, pour réussir à reconstituer la vie d'Hatchepsout à partir d'un gigantesque puzzle de données, éparpillées dans de nombreuses régions et dans plusieurs pays, il m'a fallu, sur le terrain, suivre en permanence des pistes parfois ardues. Comme je suis actuellement la seule à effectuer ce travail, je l'ai naturellement étendu à toute la dynastie.

Mon travail sur les prédécesseurs et les successeurs d'Hatchepsout et sur l'ensemble de la XVIIIe dynastie se poursuit et j'ai coutume de faire profiter les lecteurs de mes romans de mes dernières découvertes en la matière. Mon expérience du terrain me permet d'appréhender au mieux une telle époque et de tels rois car il faut, pour ce faire, travailler dans de nombreux pays du bassin méditerranéen mais aussi dans d'autres pays plus difficiles d'accès, ce que je fais régulièrement. Ce travail réclame des conditions physiques parfois exceptionnelles pour escalader des montagnes, descendre des falaises abruptes ou ramper dans les tombes. Il faut également faire face à des coûts importants et j'en profite pour remercier tous ceux qui m'ont spontanément apporté leur aide parmi lesquels plusieurs entreprises internationales.

Il est impossible de reconstituer la vie de personnages comme Hatchepsout, Néfertiti ou Akhenaton sans travailler sur place. À chaque saison, je découvre des détails nouveaux, jusque-là laissés de côté, qui me permettent de compléter la vie d'Hatchepsout, des Thoutmosides, des Aménophis... si bien que des thèses que j'ai fait admettre il y a dix ans sont reprises aujourd'hui par tous.

*
**

Méryrêt-Hatchepsout II se maria avec Thoutmosis, troisième du nom, fils de Thoutmosis II et d'une fille du harem, Iset.

Thoutmosis III devint pharaon à la mort de son père Thoutmosis II. Hatchepsout, qui devait assurer la régence, s'imposa comme Pharaon à part entière dans la septième année du règne. Elle régna pendant vingt-deux ans, laissant son neveu Thoutmosis III à l'écart. S'entourant de fonctionnaires et de prêtres dévoués à sa personne, organisant des expéditions dans les pays les plus lointains, combattant elle-même les Nubiens, restaurant les temples en ruines, elle sut s'affirmer dans une Égypte prospère.

Mais les peuples d'Asie devenant menaçants, Thoutmosis III[1] allait devenir le sauveur de l'Égypte, le plus grand pharaon de tous les temps, celui qui passerait l'Euphrate pour imposer la puissance de l'Égypte en Asie. Son épopée demeure exceptionnelle. Après avoir vécu dans l'ombre d'Hatchepsout, la pharaonne fille d'Amon, Thoutmosis III devait briller au firmament de l'Histoire.

Aménophis II, le fils qu'il eut avec la reine Tiâa prit, à sa mort, la tête d'un pays gigantesque. Parce qu'ils avaient favorisé les échanges entre l'Égypte et les autres pays, Hatchepsout et Thoutmosis III avaient ouvert l'Égypte à de nouvelles religions. Les héritiers de la dynastie allaient changer la face du monde dans un tournant fondamental de l'Histoire. Thoutmosis IV épousa des princesses mitanniennes. Son fils, Améno-

1. Voir *Thoutmosis*, Violaine VANOYEKE, Éd. Michel Lafon.

phis III[1] allait devenir l'un des plus grands bâtisseurs. Son nom reste lié au temple de Louxor et aux Colosses de Memnon qui flanquaient son temple de millions d'années à Thèbes-Ouest. Il fit construire non loin de là le domaine de Malqatta où vécut la cour, ainsi que de nombreux temples en Nubie. Son épouse Tiyi fut l'une des plus grandes reines d'Égypte, qui entretenait alors des liens privilégiés avec le Mitanni menacé par les Hittites. Des royaumes nouveaux s'imposaient, d'anciennes villes au pouvoir déchu revenaient sur le devant de la scène. Peu à peu se dessinait l'adoration en un dieu unique, une divinité solaire.

Déjà, sous le règne d'Hatchepsout, comme je l'ai démontré ailleurs, « la Pharaonne » tendait à adorer exclusivement le dieu Amon et la déesse Hathor, qu'elle disait être sa nourrice, une vénération proche du monothéisme qui aurait entraîné, *a posteriori*, le martelage de son nom sur les murs des temples et sur les listes pharaoniques.

J'ai déjà expliqué, dans plusieurs articles parus il y a dix ans, qu'Hatchepsout, comme d'autres rois de la XVIIIe dynastie, avait délaissé le culte d'Osiris à Abydos et qu'il était possible de voir dans le martelage du nom d'Hatchepsout une vengeance des prêtres d'Osiris, dieu des morts au rôle primordial pour la vie dans l'Au-Delà, qui était en quelque sorte « remplacé », dans l'esprit d'Hatchepsout, par la déesse-vache Hathor. Ce martelage pouvait aussi avoir été fait par des adorateurs du dieu solaire Aton qui auraient effacé l'image du dieu Amon, celle d'Hatchepsout qui se prétendait « fille d'Amon », celles de Mout et du favori d'Hatchepsout, Senmout, dont le nom aurait alors été confondu avec celui de Mout. D'autres martelages ont, bien entendu, été effectués par des suc-

1. Voir *Aménophis*, Violaine VANOYEKE, Éd. Michel Lafon. À la fin de chaque trilogie se trouve une mise au point sur les découvertes récentes.

cesseurs d'Hatchepsout comme cela se pratiquait souvent, les pharaons mettant ainsi leur nom à la place de celui de leurs prédécesseurs.

Ce qui importe est la thèse que j'ai avancée il y a plusieurs années et qui me paraît, aujourd'hui, de plus en plus évidente. Les premiers souverains de la XVIIIe dynastie tendaient au monothéisme bien avant le règne d'Akhenaton, un monothéisme qui a été favorisé par les échanges effectués avec les autres pays et par des peuples qui se sont installés en Égypte et qui a abouti à la création d'une ville en l'honneur du seul dieu Aton, « Akhetaton ».

Amoindrie par la peste qui n'épargna pas la famille royale, l'Égypte dut également supporter la révolte des prêtres d'Amon qui s'opposaient à l'adoration du dieu unique Aton. Pour renforcer son pouvoir, Akhenaton accepta de régner avec son demi-frère Semenkharê quelques mois avant son décès. À la même époque disparurent la reine Tiyi, Néfertiti et plusieurs de ses filles.

Je place, à la fin de chaque trilogie, des explications sur les mystères et les découvertes actuelles au sujet des personnages et des périodes que je traite : un point historique réactualisé qui me paraît essentiel pour les lecteurs souhaitant tout savoir sur les fouilles et les recherches en cours. Un cahier-photos central permet aussi aux lecteurs d'« entrer » parfois dans des lieux interdits au public ou difficiles d'accès. Le choix de statues, d'objets retrouvés à Amarna (autrefois Akhetaton), à Louxor, en Nubie ou à Saqqarah que j'ai fait, les temples ou les tombes fermées au public, les peintures de la vie quotidienne sous la XVIIIe dynastie permettent ainsi aux lecteurs de « rencontrer » les figures de cette dynastie et d'estimer leurs réalisations.

Violaine VANOYEKE

Résumé du tome 1

Après la mort de Néfertiti et d'Akhenaton, le jeune Semenkharê, fils d'Aménophis III, devient le seul roi d'Égypte. Il décide d'épouser Meritaton, l'une des filles de Néfertiti. Akhenaton a laissé une Égypte affaiblie. Se désintéressant des guerres, il a permis à ses ennemis de prendre l'ascendant. Ses alliés ne versent plus leurs tributs. Les adversaires ne respectent plus les traités de paix. En vénérant un dieu unique, le dieu solaire Aton, Akhenaton a soulevé le mécontentement du clergé d'Amon, autrefois tout-puissant à Thèbes. Mais le roi n'a-t-il pas créé une nouvelle ville pour son dieu : la cité d'Akhetaton (actuelle Amarna en Moyenne-Égypte) où vivent les Égyptiens les plus influents ?

Pour que l'Égypte retrouve sa puissance, Semenkharê, aidé du général Horemheb qui a épousé la sœur de Néfertiti et d'Aÿ, le propre père de Néfertiti, va revenir sur les cultes d'Aton et rétablir ceux des autres dieux égyptiens. Il est conscient qu'il doit restaurer les temples et les statues des dieux qu'Akhenaton a fait détruire ou marteler. Il faut également envoyer des expéditions à l'étranger pour s'imposer. Mais, alors qu'Akhenaton vient d'être enterré, Toutankhaton apprend de la bouche même de Semenkharê qu'il pourrait être le fils d'Akhenaton et non celui d'Aménophis III comme il le croyait jusque-là. La famille royale perd Meritaton. Une jeune femme pourrait alors devenir reine : sa sœur Ankhesepaaton. Mais celle-ci était promise à Toutankhaton...

Seizième partie

I

1325 avant. J.-C.

Les paysans thébains chantaient en rentrant chez eux. On sentait dans l'air des odeurs agréables d'oignons frits, de poissons grillés et de pain. Des perches avaient été pêchées et suspendues au soleil le matin même. Elles avaient déjà séché et s'étaient couvertes d'une couche de sable et de poussière. Elles dégageaient des odeurs fortes qui disparaîtraient rapidement quand la peau des poissons serait entièrement sèche. Les Égyptiennes prépareraient, ensuite, de la saumure.

– Nous avons tous les dents gâtées par ces poissons ! se plaignaient les plus vieux en continuant, néanmoins, à en manger souvent.

– Ce ne sont pas les perches qui détruisent les dents ! répliquaient les femmes mais ces grains de sable qui s'infiltrent partout et que nous mangeons avec la chair.

Attachés à leurs traditions, les Égyptiens n'en continuaient pas moins à déguster leurs plats comme ils les préféraient sans tenir compte des conséquences. La pâte des pains était rarement épargnée par les grains de sable si bien que tous ceux qui dégustaient des pâtisseries avaient les dents aussi pourries que ceux qui mangeaient, chaque jour, du poisson.

Devant les fours disposés à l'entrée de leur ferme, les Égyptiennes faisaient couler une pâte dans des moules préalablement chauffés, qui était aussitôt saisie et qui formait une croûte aux senteurs appétissantes. Les femmes sortaient quelques-uns de ces pains avant leur cuisson complète. Elles les émiettaient pour en faire de la bière, boisson favorite de leur mari. Toute la famille se réunissait autour des fours chauds et s'esclaffait à chaque fois qu'un pain doré ou une galette légèrement brunie en sortaient. Les plus petits voulaient les manger sur place.

– Écartez-vous ! Les fours sont brûlants ! Des flammes en jaillissent parfois ! C'est dangereux ! disaient leurs mères en les écartant vivement.

Mais les mêmes cris étaient poussés dès que les femmes dégageaient, avec de longues perches, la pâte cuite des fours coniques.

Les adolescents puisaient de l'eau aux chadoufs en argile et saisissaient des gobelets et des écuelles sur les étagères des cuisines pour préparer les tables. Les fours réchauffaient la température à proximité des villages. Mais les Égyptiens ne se plaignaient pas. Ils étaient heureux de travailler sous des chaleurs moins pénibles car l'Égypte entrait dans l'automne. Certains revenaient des champs sur leur mule et rapportaient des fagots de paille ; d'autres rentraient leur bétail en le pressant avec des baguettes fines et souples. Des canaux, récemment aménagés le long des chemins et bordés d'herbes, permettaient aux filles de laver le linge. Ces canaux séparaient les fermes des sentes poussiéreuses.

La plupart des maisons avaient été construites en argile avec le limon du Nil à l'ombre de palmiers gigantesques. Quelques hérons, de petite taille, erraient entre les herbes inondées, à la recherche de nourriture. Les derniers travailleurs s'encourageaient dans les champs.

À cette heure de la journée, une incroyable activité agitait la rive ouest de Thèbes.

– Venez vite ! Le troupeau de chèvres s'égare ! criaient des fillettes en tenant dans leurs bras de jeunes bêtes. Les chiens ne les contrôlent plus.

Elles vendaient au marché des chèvres et des veaux.

De jeunes pêcheurs, sur des barques frêles et effilées, extrêmement étroites, lançaient des fils dans l'eau du Nil. Il n'était pas plus de deux par embarcation et le moindre mouvement faisait tanguer les bateaux à l'intérieur clair et à la coque sombre. Patients au milieu des roseaux, des papyrus et des ibis, les jeunes gens murmuraient en tendant le bras. Il était rare qu'ils attrapassent beaucoup de poisson alors que le Nil en était rempli. Mais leur matériel rudimentaire ne permettait guère de faire des exploits. Quand ils avaient remonté deux ou trois perches, ils rentraient satisfaits.

Chaque soir, des bateaux s'arrêtaient ainsi le long des rives entre Thèbes et le petit village d'Armant qui était devenu célèbre parce que l'homme le plus influent de l'État sous le règne d'Hatchepsout était né à cet endroit et y avait fait enterrer ses parents avant de leur offrir une magnifique sépulture dans la Vallée réservée aux nobles.

Les oiseaux sortaient tous à l'heure où Rê disparaissait comme si la fraîcheur du soir leur rendait leur joie et leur vivacité. Ils peuplaient par milliers les arbres qui poussaient au bord du Nil. Arrivant par multitudes entières, ils volaient en groupes et piaillaient jusqu'à la nuit. Certaines races huppées, originaires de Thèbes, enfonçaient leur long bec au bout recourbé dans la terre ramollie par les arrosages, en quête de vers. Quant aux corbeaux, nombreux et de taille imposante, ils vaquaient près des tables lorsque les Égyptiens mangeaient à l'extérieur, en poussant des cris rauques et impératifs comme s'ils réclamaient de la nourriture. Ils se perchaient le plus souvent en haut des palmiers et recherchaient la compagnie des humains.

Sous la lumière moins forte, les champs et les arbres paraissaient plus ternes, les maisons plus grises et le Nil plus sombre. Seul le Soleil parvenait à transmettre à la terre, au désert et aux villages égyptiens, très modestes, une splendide beauté. Dans toutes les fermes, les animaux sortaient également. Chiens, chats, oies, singes envahissaient les granges et allaient boire aux canaux. Armés de bâtons, les enfants, impitoyables, couraient à leur poursuite ou les attrapaient par les pattes de derrière en les soulevant sans ménagement. Réprimandés par les adultes, ils se cachaient dans les roseaux ou confectionnaient des pièges à oiseaux et ne réapparaissaient qu'à l'heure du dîner.

Au crépuscule, les commerçants espéraient, plus que jamais, vendre leurs étoffes, leurs coussins, leurs pots, leurs fruits ou leurs tapis. Ils ouvraient leur petite boutique en bois et étalaient leur marchandise jusque dans la rue tout en buvant du thé. Ne vendant que rarement quelques étoffes, ils n'étaient pas pour autant désespérés. Parlant beaucoup et fort, plaisantant souvent entre eux, ils n'interrompaient leur bavardage que pour servir des clients qui participaient aux discussions. Vexés lorsque leur marchandise ne plaisait pas, ils insistaient tant que des disputes s'engageaient parfois. Tous les villageois se regroupaient et prenaient le parti de l'un ou de l'autre.

Quelquefois, des barges larges et des bateaux de transport s'avançaient lentement sur le Nil en provenance d'Assouan ou de Moyenne-Égypte. Les potiers continuaient leur travail au bord du Nil en ramassant du limon.

Les femmes commençaient à taper sur des ustensiles pour annoncer que le repas était prêt. Des odeurs d'ail provenaient de chaque maison. Les hommes abandonnaient aussitôt leurs amis et les enfants couraient en riant. En un rien de temps, Thèbes redevenait calme. On entendait seulement des plaisanteries fuser des fermes et des disputes mettre aux prises des adolescents. Des jeunes femmes jetaient dans des paniers profonds du linge pour le laver, le lendemain matin, dans le fleuve.

Quelques paysans balayaient les crottes de chèvre devant leur seuil et allaient chercher dans un endroit frais une jarre de bière.

Depuis le retour de Pharaon dans le magnifique domaine de Malqatta aménagé sur l'ordre d'Aménophis III, où avait grandi son fils Aménophis IV qui avait pris le nom d'Akhenaton après avoir créé une cité en l'honneur du dieu soleil Aton au nord d'Abydos, royaume d'Osiris, les maisons s'étaient multipliées le long des chemins thébains qui menaient à la Grande Prairie, là où avaient été enterrés le grand Aménophis III, Thoutmosis IV, Aménophis II, Thoutmosis III, Thoutmosis Ier et la reine-pharaon Hatchepsout. Les plus hauts fonctionnaires étaient fiers d'avoir leur tombe dans la Vallée réservée aux nobles.

Rê se couchait doucement derrière les collines désertiques, subitement rosées, comme si un feu gigantesque brûlait derrière les monts, dégageant, dans un suprême effort, une chaleur subite et intense avant de s'éteindre pour sa course nocturne.

À cette heure, les serviteurs, nombreux et obéissants, prêts à se plier à une discipline stricte, nettoyaient les salles à manger, les couloirs et les cours, préparaient les plats, sortaient les ustensiles de cuisine à grand bruit, conduisaient les chevaux aux écuries, s'interpellaient, recevaient des ordres précis et prenaient plaisir à servir le roi et sa cour.

Les bâtiments et les annexes étaient si nombreux à Malqatta que le travail était extrêmement important. Les cuisiniers devaient nourrir chaque jour des dizaines de courtisans. Quand des délégations arrivaient à Thèbes et que les salles de festin les plus grandes étaient ouvertes, le roi louait parfois d'autres cuisiniers pour aider ceux qui habitaient non loin du palais. On faisait venir à Malqatta des centaines de paniers de fleurs pour décorer les salles, parfumer les pièces, joncher les sols de pétales et confectionner sur place des cônes parfumés et amidonnés que les invités du roi plaçaient, chaque soir, sur leur chevelure et qui fondaient très lentement tout le long de la soirée, avant d'être remplacés par des servantes attentives.

Alors que les mêmes gestes étaient faits et refaits, comme les autres soirs, un cri déchira la nuit. Une voix de femme venait de troubler la belle ordonnance des travailleurs. Chacun se regarda et se demanda d'où venait un tel appel au secours. Les boulangers se précipitèrent dans leur cour. Les servantes regardèrent par les petites fenêtres trop étroites et trop haut placées pour satisfaire leur curiosité. Des domestiques se précipitèrent aux balcons, pourtant réservés aux fonctionnaires et au couple royal.

– D'où vient ce cri ? s'interrogeait-on.

Certains désignaient le palais du roi, d'autres celui de la reine.

– Je crois que cette voix est partie de là, dit un cuisinier en pointant le doigt vers le domaine du roi.

– Vite ! Courons voir ce qui se passe ! On a l'impression qu'une femme a été agressée. Je n'ai jamais entendu un cri pareil !

– C'est impossible ! Il y a des gardes partout. Les soldats sont aux portes du palais. Le général Horemheb est arrivé avec sa femme. Qui oserait agresser un membre de la famille royale si bien protégée ?

Un second cri, moins fort mais tout aussi étonnant que le premier, réveilla une nouvelle fois la curiosité des habitants de Malqatta. Les femmes qui s'étaient contentées de hausser les épaules en entendant les conclusions de leurs maris, s'inquiétèrent à leur tour.

– Assurément, il ne s'agit pas d'une femme qui repousse un homme trop pressant ! dirent-elles, un sourire narquois au coin des lèvres.

Leurs époux leur reprochèrent leur légèreté.

– Vous avez raison. Ces cris sont étranges, reconnurent-elles. Mais que pouvons-nous faire ? Attendons de voir venir un scribe...

Les hommes n'étaient pas de cet avis.

– Nous devons agir ! Nous aimons nos souverains. S'ils sont en danger, nous devons les aider.

– Allons donc ! répliqua la femme d'un cuisinier. Malqatta est tellement protégé qu'aucun malfaiteur n'en franchirait les murs !

– Je ne pense pas à un simple vaurien, expliqua son mari. Oublierais-tu que les Libyens venaient régulièrement nous envahir lorsque Aménophis III habitait ici ?

– Je m'en souviens parfaitement. Ces tentatives n'ont jamais abouti...

– Mais tous les Thébains tremblaient à leur approche. Les ouvriers eux-mêmes allaient se réfugier dans les temples au lieu de continuer leur travail dans la Vaste Prairie !

– Les pharaons ont su les effrayer. Ils n'oseraient jamais revenir en Égypte sans y être invités !

Les autres hommes étaient plus circonspects.

– Des étrangers se seraient-ils introduits dans le palais ?

– Le roi a su régler bien des problèmes depuis la disparition des pharaons précédents. Les Égyptiens ne risquent plus rien !

– Femmes ! Vous n'êtes décidément pas faites pour parler de guerre ou de tactique militaire ! Retournez à vos fours et aux cuisines !

Un couteau ou une fourche à la main, les hommes hâtèrent le pas en direction du palais. Certains courtisans se dirigèrent, eux aussi, vers les appartements de Toutankhamon.

– Le roi n'est pas revenu de la chasse. Sa Majesté serait donc à l'abri.

Les domestiques se tinrent devant la cour en réclamant des nouvelles de la famille royale. Une servante se pencha à l'une des fenêtres d'apparition.

– Taisez-vous ! cria-t-elle. Vous êtes devant le domaine d'Horus d'or tout-puissant !

– Dis-nous ce qui se passe sinon nous entrerons dans cette cour et nous attendrons jusqu'à ce que nous ayons des nouvelles de notre souverain bien-aimé et de notre reine. Qui a crié ?

Les hommes levaient leur fourche vers les cieux tout en parlant.

– Une domestique. Elle s'est blessée avec une pierre tranchante.

– Qu'elle se montre !

– Partez tous ! J'ai ordre du roi de vous éloigner !

– Sa Majesté Toutankhamon n'est pas rentré de la chasse ! Que racontes-tu ? S'il était là, il lui suffirait de se montrer pour nous rassurer.

– Horus d'or n'est pas visible.

– Nous voulons voir la reine !

– Depuis quand les serviteurs du roi ont-ils des exigences ?

– Est-ce la reine qui a crié ? demanda la femme d'un cuisinier.

– Non !

Mais la servante ne cessait de se retourner avec inquiétude vers l'intérieur de la pièce si bien que cette curieuse attitude intrigua davantage encore les serviteurs.

– Il est arrivé un malheur ! s'exclama une femme en levant ses bras vers le ciel. Dieux, aidez-nous !

Le père Aÿ descendit parler aux domestiques. Il leur reprocha leur manque de discrétion et réclama le calme.

– Inutile de vous mentir. Il est arrivé un incident assez grave. Mais tout va rentrer dans l'ordre si vous retournez à votre travail.

– Qui a été agressé ?

– Personne, leur dit le prêtre en employant un ton paisible.

– Tu as les joues bien pâles, divin Aÿ, remarqua un cuisinier. Nous te vénérons et te respectons tous ici. Nous acceptons de t'obéir si tu nous parles franchement.

– Que voulez-vous savoir ?

– La reine est-elle en bonne santé ?

– Oui.

– Ce n'est pas elle qui a crié ?

– Non.

– La femme qui a poussé une pareille clameur n'a pas été tuée ?

– Non, par les dieux ! Qu'imaginez-vous ?

– Promets-nous de nous en révéler davantage dès que tu le pourras. Devons-nous accomplir nos tâches comme à l'accoutumée ?

– Évidemment, par Amon ! Vos grillades sont en train

de brûler ! Vos sauces tournent ! Vos victuailles sont mangées par vos bêtes ! Je veux que le festin de ce soir soit bientôt prêt. Nous avons des invités. Pharaon a loué des danseuses et des chanteuses.

– Pharaon n'est pas revenu de la chasse. Il ne devrait pas tarder. La nuit est tombée...

– Le roi est là. Il se repose. Les femmes poussent souvent des cris malgré elles et sont plus émotives que nous. N'en concluez pas qu'un malheur a frappé l'Égypte. J'ai foi en nos divinités suprêmes. Elles veillent sur nos vies.

Tous les Égyptiens retournèrent, sceptiques, à leur travail. Les langues se déliaient. Personne n'était dupe de la volonté d'Aÿ de dissimuler la vérité.

Si le prêtre était optimiste, le festin fut, cependant, retardé. Aÿ était au chevet de Toutankhamon qui gisait sans vie devant lui dans son magnifique lit recouvert de lin blanc. La reine ne cessait de pleurer.

– Je ne comprends pas, répétait Aÿ. Tout cela n'a pas de sens. Toutankhamon respectait l'ensemble des dieux. Il n'a commis aucune faute. Les prêtres d'Amon le guidaient dans la bonne voie. L'Égypte n'est décidément pas épargnée. Dix-huit ans n'est pas un âge pour disparaître.

Ces paroles redoublèrent les pleurs de la reine.

– Dis-moi ce qui s'est passé, demanda Aÿ au scribe royal.

– Pharaon était las lorsqu'il est rentré. Il souhaitait se reposer dans sa vaste chambre avant d'assister au banquet.

Aÿ regarda autour de lui comme s'il allait découvrir une réponse aux questions qu'il se posait. Deux coffres à vêtements, deux pliants noir et blanc, un jeu de senet, une canne à bout recourbé en forme de tête de Nubien, un éventail jaune, des pots d'onguents, un matériel de scribe, un fauteuil à large dossier sculpté de scènes familières, en or et en pierres semi-précieuses, un bouclier représentant Toutankhamon, des flacons en albâtre et des sistres constituaient les seuls objets placés sans harmonie dans cette salle aux murs peints d'oies, de canards, de poissons, de roseaux et de marais.

– La reine n'avait pas rejoint le roi dans sa chambre ? demanda Aÿ qui observait le cou de Toutankhamon qui était placé sur un appuie-tête bleu.

– Non, prêtre chéri, j'ai préféré laisser mon époux se reposer. Il était très fatigué en rentrant de la chasse.

– Était-il blessé ?

– Je ne le crois pas, répondit le scribe. En réalité, le roi n'a pas l'habitude de se plaindre.

– De quoi est mort le roi ? demanda Aÿ aux médecins présents.

– Nous avons remis sa tête en place. Quand nous l'avons trouvé inconscient, celle-ci était tournée vers la gauche. Le pharaon dormait souvent ainsi.

– Quelqu'un aurait-il pu s'introduire ici à l'insu des gardes ?

– C'est impossible ! répondit aussitôt le scribe. Il faudrait, pour cela, que les gardes se soient absentés !

– Et quelqu'un peut témoigner qu'ils sont toujours restés ici...

– Non... balbutia le scribe. Mais tu sais combien le général Horemheb est pointilleux sur la discipline. Les gardes ne peuvent s'absenter en même temps. S'ils ont besoin de quitter leur poste, ils doivent le faire à tour de rôle.

– Je sais tout cela. Dans les faits, il en est parfois tout autrement.

– Je peux t'assurer que jamais ces jeunes soldats entrés dans la garde du roi n'oseraient agir à leur guise.

Les quatre gardes sont d'origine asiatique. Ils étaient prisonniers lorsqu'ils ont accepté de devenir égyptiens et d'entrer dans l'armée égyptienne. Leur famille est venue s'installer à Thèbes. Ils doivent tout à Pharaon...

– Mais ce sont des étrangers et d'anciens ennemis.

– Tu sais mieux que moi, grand prêtre Aÿ, que les meilleurs gardes du roi sont originaires d'Asie ou de Nubie.

– J'ai vu tellement d'horreurs dans ma vie, dit Aÿ. Faisons une enquête. Je veux savoir si un témoin a aperçu quelqu'un qui se serait faufilé dans ces couloirs sans être vu.

– Je serais prêt à jurer que les gardes sont restés devant la porte.

– Je n'ai aucune confiance en eux. La corruption doit exister dans ce palais comme partout ailleurs. Les Égyptiens sont prompts à accepter de l'or en échange d'un service. Il est facile de fermer les yeux pour un petit sac de pierres précieuses...

– Père Aÿ, ajouta l'un des médecins, Toutankhamon a reçu une blessure à la tête. Il est peut-être tombé à la chasse. Je connais ce genre de blessure. J'ai souvent vu des soldats assommés de la sorte ou des ouvriers écrasés par des poids considérables.

Aÿ se précipita vers le lit du roi.

– Toutankhamon a souvent été blessé pendant ses parties de chasse. Il s'agit sans doute d'une ancienne blessure...

– Je ne l'ai vue que très rapidement...

– Comment en savoir plus ?

– Je suis prêt à ausculter le roi si tu m'en donnes l'autorisation, prêtre Aÿ. Pour ce faire, je dois raser les cheveux du roi avec une lame tranchante.

Aÿ paraissait hésiter. La reine le supplia de laisser Toutankhamon tranquille.

– Hélas, ton époux n'est pas un Égyptien comme un autre, lui répondit Aÿ. Nous devons tous nous plier à notre devoir. Si un assassin a pénétré dans cette pièce, il faut l'arrêter et le condamner à mort !

– Penses-tu vraiment que Toutankhamon ait pu être tué ?

– Je dois tout envisager. Il faut que cet examen reste secret. Tu dois aussi laisser le roi intact et ne pas abîmer son visage, dit Aÿ au médecin.

– Je connais mon métier. Tu peux avoir confiance en moi.

Le visage maigre et jaunâtre du roi ressemblait à un masque de cire. Il semblait dormir paisiblement, les yeux clos, les mains croisées sur sa poitrine.

– Quand cet examen sera terminé, je veux qu'on mette dans ses mains une croix *ankh* gigantesque et le sceptre du pouvoir.

Toutankhamon était de petite taille. Il faisait encore plus jeune que son âge.

– Pauvre enfant... dit encore Aÿ. Si quelqu'un est responsable de cette mort, je ferai un exemple !

– Pourquoi n'envisages-tu pas un accident ? demanda la reine.

– J'ai toujours eu de l'intuition. J'ai l'impression qu'il s'est passé ici un événement bizarre. J'ai également la sensation qu'on me ment.

– Mais qui mentirait au père Aÿ ?

– Je ferai en sorte de le savoir bientôt et ma vengeance sera terrible !

II

Une atmosphère lourde envahissait la chambre. Aÿ avait donné des ordres stricts pour qu'aucune nouvelle ne sortît de la pièce. Il était, cependant, conscient que le peuple allait vite jaser.

– Tu dois agir vite et bien, dit-il au médecin. Nous ne pourrons pas garder le silence très longtemps. Viens, mon enfant, murmura-t-il à la reine, écarte-toi et laisse ce savant faire son travail. Je ne veux pas que tu assistes à cela. Ce serait pour toi une dure épreuve.

La reine se mit à pleurer davantage. Elle ne voulait pas que l'on touchât à Toutankhamon.

– Je le protégerai dans la mort comme dans la vie, dit-elle.

– Mais nous devons connaître la vérité. Allons, viens par ici...

Il la tint longuement dans ses bras et la consola du mieux qu'il put tout en l'entraînant à l'extérieur. Le médecin lui indiqua par un signe que c'était, en effet, la meilleure solution car l'auscultation ne serait pas plaisante à voir.

Lorsqu'il eut réussi à entraîner la reine à l'écart et à la confier à l'une des nourrices qui attendaient, anxieuses, devant la porte, Aÿ revint vers le médecin et lui demanda des détails sur la manière dont il comptait procéder.

– Y avait-il une possibilité de sauver le roi ? Parle franchement et ne crains aucune représaille car tu n'es pas en cause dans cette affaire.

– Je saurai très vite si Toutankhamon était atteint d'un mal dont il pouvait guérir et si nous aurions pu le soigner, si le roi avait la possibilité de lutter contre la mort ou s'il n'y avait malheureusement aucune solution.

– J'exige de tout savoir, ordonna Aÿ. Tu me feras un rapport extrêmement précis et clair. N'utilise pas un langage médical incompréhensible.

– Père Aÿ, reprit le médecin en s'inclinant, je dois examiner le roi. Il ne s'agit pas d'une personne ordinaire.

– Oublie le rang de ton patient et fais ton travail le mieux possible.

– Je devrai probablement consulter mes maîtres et discuter avec des collègues pour être tout à fait sûr de mon jugement.

– Ne te trompe pas.

– Je suis encore jeune dans le métier... Certains médecins, plus âgés, ont beaucoup plus d'expérience que moi. Pourquoi me demandes-tu ce travail ?

– Te sens-tu capable de le faire ?

– Sans problème, par tous les dieux ! Mais tu as évincé plusieurs de mes confrères...

– Ils ont, en effet, assisté à notre discussion et ils sont maintenant dans le couloir avec la reine.

– Je ne comprends pas ton attitude, père Aÿ. Ces hommes vont me jalouser. Ils ont souvent plus de métier que moi. Ils t'auraient été plus utiles.

– Crois-moi. Je sais ce que je fais.

– Tu ne veux donc pas me fournir d'explications ?

– Non. Sache seulement que tous tes éminents collègues ont assisté impuissants au décès d'un des membres de la famille royale dans leur vie. Aucun n'a trouvé alors une solution ou un remède pour nous redonner espoir. Tous ont baissé les bras et nous ont avoué leur impuissance.

– Penses-tu que je serai plus habile et plus savant ?

– Peut-être. Tu ne seras pas moins capable que l'ensemble de ces praticiens. N'est-ce pas l'occasion de me montrer ce que tu sais faire ?

Comme le jeune médecin semblait gêné, Aÿ le rassura.

– Je sais ce que tu penses. Tu imagines que ces vieux savants vont te chasser de leur cercle et ne plus t'adresser la parole parce que je t'ai choisi. Ils vont te jalouser...

– Ils auront raison.

– Quand le père Aÿ a pris une décision, personne ne doit la discuter ! Ils respecteront ma décision. Si l'un d'entre eux tente de jaser sur toi, il sera puni.

– Bien, dit le médecin en prenant enfin ses instruments.

– Tu dois reprendre confiance en toi.

Mais, au moment où il se retournait vers Toutankhamon, le médecin étouffa un cri.

– Vénérable père Aÿ, as-tu vu ce que je viens de voir ?

– Je ne comprends pas. Explique-toi.

– Les cils du roi ont bougé.

Aÿ se précipita vers le patient et toucha son front.

– Son visage est dur et froid. Que racontes-tu ?

– Je suis sûr de l'avoir vu bouger.

– Je te croyais plus rationnel. Tu es très impressionné par cette disparition, lui dit Aÿ. Ton imagination te joue des tours.

– Mettons dans cette pièce des yeux d'Horus, le faucon sauvé par Thot. Malgré la haine de Seth et son combat pour sauver son père, il a retrouvé l'usage de son œil par magie.

– Retrouve tes esprits ! Il faudrait que le roi soit encore vivant pour que les yeux d'Horus aient un effet bénéfique sur sa santé. Ce n'est, hélas, pas le cas !

– Père Aÿ, on ne sait jamais... On a vu des morts revenir du domaine des Bienheureux et continuer à vivre parmi nous.

– Les cas sont rares et leur corps n'est pas froid comme la pierre.

– Je me suis peut-être trompé, reconnut le médecin. Il est vrai que cette mort m'a perturbé. J'aimais et respectais le roi. Je lui avais parlé ce matin. Il était généreux et bienveillant. Il prenait toujours des nouvelles de ma femme.

– Elle attend un enfant...

– Oui. Nous espérons l'avoir la saison prochaine.

– Allons ! Reprends-toi et ne me fais pas regretter la confiance que j'ai placée en toi. Si tu me satisfais, tu seras récompensé. Je déclarerai à tous combien tu es habile. Je ferai de toi le premier médecin de la cour.

– Maître ! dit le jeune savant en tombant aux pieds d'Aÿ. Tu es si bon...

– La tombe de Toutankhamon n'est pas achevée. Le roi voulait être enterré tout près d'Aménophis III dans la Vallée située à l'ouest de celle où reposent nos ancêtres. Mais la sépulture n'est pas décorée. Je dois trouver une solution.

Aÿ pensait à une petite tombe située non loin de celle d'Aménophis II, qu'un fonctionnaire avait fait aménager pour lui-même. Il faudrait y ajouter des scènes propres à la vie de Toutankhamon. Mais il était exclu d'envisager de les sculpter.

– Ce serait trop long, dit Aÿ en réfléchissant tout haut.

Nous les peindrons. Puis-je commander les objets rituels pour les funérailles ?

– Je ne sais... hésitait le médecin.

– Quant aux vases canopes... reprit Aÿ. Nous pourrons toujours utiliser ceux de Semenkharê puisque ses organes ont été enterrés dans les petits sarcophages placés dans sa tombe... Il faut gagner du temps...

Un garde vint annoncer à Aÿ que le trésorier Maia s'impatientait devant la porte et qu'il souhaitait avoir des nouvelles.

– Je vais lui parler, dit aussitôt Aÿ. Ne laissez entrer personne ! Les deux vizirs ne vont pas tarder à se manifester.

– Maître et Vénérable, lui dit encore le médecin, soyons prudents. Je ne sais si je trouverai le moindre indice sur les causes du décès de Toutankhamon. Il me faudra plus d'une soirée pour me prononcer. Tu dois trouver un stratagème pour que la rumeur de cette disparition ne se répande pas sinon les bruits les plus fous courront à ce sujet. Comment les arrêterons-nous ? Certains prétendront que le roi a été assassiné. D'autres diront que des ennemis l'ont accompagné à la chasse pour mieux le tuer.

– Je sais mieux que personne tout ce que l'on peut inventer.

– Et il est impossible d'effacer, ensuite, ces rumeurs qui se répandent de siècle en siècle. Toutakhamon n'est peut-être mort que de maladie. Il était si chétif, si faible. Depuis sa naissance, tout le monde sait qu'il souffrait d'une maladie incurable et qu'il n'avait pas beaucoup d'espoir de vivre vieux. Sa mère Kiya le cachait mais la faiblesse du roi ne trompait personne. Semenkharê l'avait aidé à se muscler mais il n'a pas effacé le mal qui rongeait le pauvre corps du jeune souverain.

– Crois-tu réellement que Toutankhamon soit mort subitement de maladie ?

– Nous avons pu constater les progrès que faisait la maladie qui le minait.

– Mais il est parti, ce matin, frais et dispos... Tous les chasseurs l'ont affirmé.

– Cela ne veut rien dire, père Aÿ. Toutankhamon avait appris à vivre avec son mal. Nous savions qu'il ne vivrait pas vieux.

Aÿ n'était pas convaincu par les paroles du médecin.

– Cherche ailleurs. Je connais la cour et ses ambitieux. Je soupçonne plusieurs personnes d'avoir souhaité la mort du roi.

– Il leur suffisait d'attendre...

– Certaines personnes n'attendent pas.

– Je vais me mettre tout de suite au travail.

– J'ai fait condamner cette porte. Que personne ne vienne te déranger ! Dès que tu auras une idée, fais-moi appeler. Je me tiendrai prêt. Même si Horemheb ou un autre membre de la famille royale se présente, trouve une excuse pour continuer ton labeur et donne-leur des explications qui les satisferont momentanément.

Le médecin pria les dieux que cela n'arrivât pas. Il n'avait pas l'intention de s'opposer aux volontés d'un proche du roi défunt.

– Il y a beaucoup d'agitation en bas, remarqua Aÿ. Les serviteurs sont tous inquiets. Je vais aller leur parler. Je leur dirai que le roi est malade.

Aÿ soupira en levant les yeux au ciel.

– Hélas ! Nous allons encore devoir trouver une solution et un successeur.

Persuadé que les festivités prévues ne devaient pas être déprogrammées et que l'emploi du temps de la soirée ne devait pas être modifié pour n'inquiéter ni le peuple ni les courtisans, Aÿ convoqua aussitôt son scribe pour lui donner ses ordres.

– Ce sera le seul moyen de surveiller les membres de la famille royale et de s'assurer qu'ils ne chercheront pas à rejoindre la chambre du roi pendant que le médecin fait son travail. Si je ne les distrais pas et s'ils ne sentent pas la nécessité de rester auprès de nos invités étrangers, ils iront sans cesse dans les appartements royaux interroger tout le monde. Je n'ai aucun droit de les empêcher d'entrer dans la chambre de Toutankhamon. Écris, scribe, et cours transmettre mes ordres. Dis aux cuisiniers de préparer un repas copieux. Rappelle-leur que le dîner a seulement été retardé. Fais entrer dans la salle à manger les chanteurs et les musiciennes. Qu'elles commencent à jouer de la harpe et du tambourin. Je veux qu'elles choisissent des airs gais et entraînants. Que les dieux et le roi me pardonnent ! ajouta Aÿ pour lui-même.

– Dois-je aller remettre mes messages ?

– Oui. Dis également aux cuisiniers que le festin doit durer toute la nuit et que les plats seront copieux et raffinés. Je veux également que l'on sorte des jarres de vin en provenance des domaines de Tiyi, de la reine défunte Néfertary, qui était la fille d'un grand vigneron et dont le vin est sublime, et de Satamon dont la voluptueuse boisson a beaucoup coulé pendant les fêtes-sed de son père et époux Aménophis III.

– Veux-tu de petites ou de grandes jarres ?

– Des grandes. Que le vin soit versé dans des cratères à la manière hellénique. J'ai vu faire cela par des Mycéniens qui vendaient de magnifiques récipients à vin sur le marché. Les décorations en sont agréables et on dit que le vin y garde sa fraîcheur. Le roi en avait fait acheter une trentaine qu'il faut disposer tout autour de la salle à manger. Les convives y puiseront directement avec leur coupe ou les servantes la rempliront au fur et à mesure.

– Combien doit-on prévoir de grandes jarres ?

– Les cuisiniers le savent en fonction des mets qu'ils nous présenteront. J'espère seulement que nous en aurons suffisamment car notre vin se conserve mal. Nous ne pouvons donc pas le garder longtemps. Les Hellènes ont une manière différente de conserver leur vin. Ils poissent leur jarre ou y ajoutent de l'eau. Malheureusement, cette technique ne nous est pas familière et notre vin coupé d'eau tourne vite, surtout lorsqu'il est transporté.

– Est-ce tout, maître ?

– Qu'un message circule également chez les fonctionnaires et dans les appartements de la famille royale.

Aÿ alla lui-même trouver la reine qui pleurait encore et qui exigeait de voir son jeune époux.

– Aie confiance en moi, lui dit Aÿ. Laisse les professionnels faire leur travail. Tu dois te montrer très courageuse. Voilà ce que j'ai projeté. Pour le moment, personne ne doit apprendre que Toutankhamon nous a quittés. J'ai décidé de présider le dîner.

La reine le regarda avec effroi. Elle laissa tomber le petit miroir qu'elle avait pris pour effacer les traces de maquillage qui noircissaient ses joues.

– As-tu perdu la raison, Aÿ ?

– Non. J'ai besoin de temps. Il faut donc que nous assistions tous à ce banquet et que nous fassions bonne figure.

– C'est impossible !

– Rien n'est impossible à une reine. Personne ne te reprochera ta mine chiffonnée et ton air triste puisque Toutankhamon est censé être souffrant. Il ne faut, cependant, pas que nos invités lisent sur ton visage une trop grande détresse.

– Je ne comprends pas pourquoi tu as imaginé tout ce stratagème.

– Je te demande seulement de m'écouter. J'agis, comme toujours, pour le bien de tous. Essuie tes larmes. Appelle ta maquilleuse et ta coiffeuse et habille-toi de tes plus beaux atours.

– J'entends des chants...

– Les artistes se trouvent déjà dans la salle à manger. Je m'en remets aux dieux.

III

1335 avant J.-C.

Quelques années avant...

Ankhesepaaton était troublée par l'entretien qu'elle avait eu avec Toutankhaton. Pour la première fois depuis son mariage avec le pharaon Semenkharê, il s'était montré enjoué et naturel. Il ne lui avait fait aucun reproche et avait su la toucher. Elle avait retrouvé la complicité qui les unissait lorsqu'ils partageaient leurs jeux ou leurs loisirs.

Seule dans sa chambre, la reine n'avait pas remarqué l'air contrarié de son mari quand il les avait trouvés ensemble.

– J'ai passé une après-midi délicieuse, confia-t-elle à la servante qui l'aidait à se déshabiller. Depuis mon mariage, je n'ai jamais été aussi heureuse.

– Tant de malheurs ont frappé la famille royale, reine puissante. Tu as perdu tes sœurs, tes parents, la grande Néfertiti et le brillant Akhenaton, ta chère grand-mère Tiyi qui vous adorait.

– J'ai surtout failli perdre ma propre fille, l'enfant que j'ai eue avec mon père bien-aimé Akhenaton...

– Tu mérites tant d'être heureuse, reine vénérée ! Tu

es bonne. Le peuple t'aime. Tu fais toujours le bien partout où tu vas. Les Thébains te réclament dans leur ville. Les habitants de Memphis cherchent à te convaincre d'aller vivre dans la capitale de tes aïeux. Ceux qui se plaisent à Akhmin prétendent que Néfertiti, ses frères Aânen, prêtre d'Amon, et Aÿ, l'un des hommes les plus puissants de la cour, ainsi que tes grands-parents Youya et Touya ont vécu dans cette ville avec plaisir. Ils ont rendu la cité agréable. Ils y revenaient toujours avec une joie immense.

Ankhesepaaton éclata de rire en s'admirant dans un miroir.

– Laisse mes cheveux libres pour la nuit et enlève-moi tout ce maquillage ! Je ne peux me couper en quatre et vivre dans plusieurs villes en même temps ! Nous avons des palais dans tous ces endroits. Il nous sera très facile de nous déplacer et de rendre visite aux uns et aux autres.

– Ainsi donc la reine ne veut pas faire comme son père Akhenaton...

– Mon père refusait catégoriquement de sortir d'Akhetaton. Je sens la nécessité de me montrer et de voir ce qui se passe en Égypte.

– Les servantes t'accompagneront-elles ? demanda celle qui était déjà au service de Néfertiti et qui ne connaissait pas son pays.

– Bien sûr ! Que ferais-je sans vous ?

– Je suis satisfaite de voir combien Toutankhaton t'a changé les idées. Tu es souvent rêveuse, sage et peu loquace alors que je t'ai connue plus bavarde !

– Toutankhaton a le don de me faire rire. J'aime sa compagnie même s'il s'estime très supérieur à ses interlocuteurs. Il a eu la chance d'avoir de tels maîtres à Akhetaton ! Sa culture est étonnante. Il connaît de très nombreuses langues. S'il n'avait été prince, il aurait sans doute été scribe royal.

– Pour le devenir, il faut être très brillant !

– Toutankhaton l'est assurément. J'avoue être soulagée d'avoir retrouvé sa confiance. Le roi doit être las ce soir. Il a chassé toute la journée. Le chef de meute m'a expliqué que les chasseurs ont escaladé les monts à la recherche de lions.

– Ont-ils rapporté des fauves ? demanda la servante en dénouant une ceinture souple de la taille d'Ankhesepaaton.

– Je ne le crois pas. Semenkharê était très déçu. Mais la chasse a été bonne !

– Si je comprends ma maîtresse, le roi ne viendra pas rendre visite à son épouse...

– Il doit déjà dormir, Milkia !

Ankhesepaaton se laissa épiler et peigner.

– Frictionne-moi avec de l'encens de première qualité que nos Égyptiens ont rapporté du pays du Pount. Je ne veux plus de cette graisse d'arbre depuis que j'ai essayé l'encens.

La reine prenait son cinquième bain de la journée. Elle avait l'habitude, comme beaucoup d'Égyptiennes, de se laver le matin et avant chaque repas. Milkia se pencha pour saisir dans la niche d'un petit meuble recouvert d'un plateau de fruits une cuvette et un récipient. Elle mit du natron dans l'eau du récipient et versa du sable dans la cuvette. Pendant qu'elle préparait l'eau de la toilette, Ankhesepaaton se rinça plusieurs fois la bouche avec de l'eau salée et mentholée.

– Va me chercher de l'argile et de la cendre pour faire mousser cette eau.

– Veux-tu que j'appelle ta pédicure et ta manucure ?

– Non. Je souhaite rester avec toi. Mets aussi sous

mes bras cette pâte à base de térébenthine et d'encens qui efface les odeurs désagréables.

– Il est également possible d'en placer dans les plis du cou, sous les pieds...

– Parfait ! Tu ajouteras un peu d'huile de ricin sur mes cheveux. Elle les rend moins secs.

– Et elle les fait pousser.

– Je dois être belle pour plaire à...

Mais la reine s'interrompit.

– Le roi sait apprécier Sa Majesté comme il se doit.

– En effet. Mais, ce soir, je veux que tu me fasses un masque contre les rides, un masque pour effacer les taches de soleil et pour lisser la peau. Demain, lorsque je me réveillerai, je veux être la plus belle femme de la cour.

– La reine est toujours la plus divine de toutes. Il me sera difficile de préparer toutes les crèmes que j'ai l'habitude de faire.

– D'autant que je veux me coucher tôt.

– La reine veut-elle que je lui fasse des tresses pour dormir ?

– Pourquoi pas ? J'aurai moins chaud.

Milkia s'empara de peignes en ivoire et de longues épingles avec lesquelles elle ramena habilement dans ses mains les cheveux échappés. Elle eut tôt fait de faire des nattes qui dégagèrent la nuque de la reine.

– Bien, dit Ankhesepaaton en saisissant un miroir. Et maintenant, je vais me laisser masser le visage, les épaules et le dos. Je veux paraître, demain, aussi fraîche qu'un bouton de fleur.

– Mais la reine n'a que peu d'années.

– La chaleur et la peine m'ont rendue subitement lasse. Je compte bien retrouver mon enthousiasme et ma forme.

– Crois-moi, Maîtresse, de nombreuses Égyptiennes aimeraient avoir ta beauté et ta jeunesse...

– Et mes origines !

Milkia éclata de rire.

– Je suis flattée que Sa Majesté me considère comme une confidente et me parle avec une telle franchise.

– Je t'apprécie, il est vrai. Garde pour toi mes petits secrets !

Ankhesepaaton fut bientôt recouverte de pommades. Elle en avait sur les joues, sur les paupières, sur le cou, sur la poitrine, sur les pieds et les mains.

– Ne bouge pas, Majesté, lui dit Milkia. Repose-toi et essaie de parler moins. Je ne fais que conseiller la reine.

Ankhesepaaton lui fit signe qu'elle obéissait à ses ordres et lui montra ses cheveux.

– Oui. Je pense aussi aux cheveux. Je vais les enduire d'une préparation qui les graissera un peu et qui leur rendra leur brillant. Je les trouve un peu ternes et surtout très secs. Je sais que le roi les aime beaucoup. Je peux encore les épaissir en les recouvrant régulièrement d'huile de ricin. Le seul inconvénient est que cette huile est poisseuse et se rince difficilement. Son odeur n'est pas agréable.

Ankhesepaaton enleva un peu de pommade autour de sa bouche.

– Tu peux les parfumer après le traitement.

– L'odeur de cette huile est très persistante...

– Mais rien n'est plus efficace ! J'ai prévu une après-midi avec Toutankhaton demain.

Milkia la regarda un peu surprise. Elle avait l'impression que la reine se préparait davantage pour le jeune Toutankhaton que pour son époux.

– Je laisserai ce parfum à base d'amande sur tes cheveux pendant toute la nuit, dit-elle. L'odeur de l'huile de ricin disparaîtra peu à peu et ta chevelure sera adoucie par l'amande.

Ankhesepaaton se pencha vers un petit flacon en albâtre rempli d'une pâte épaisse et élastique.

– Quelle merveilleuse odeur ! Voilà ce qu'il me faut !

– Tu auras les paupières reposées, les yeux sans cernes, les joues sans couperose, la peau fine et transparente. Tes petits boutons auront disparu. Tes cheveux seront gonflants et lumineux.

– C'est exactement ce qu'il me faut.

La reine se laissa masser les épaules et ferma les yeux.

– Raconte-moi ta vie, Milkia. Tu es très efficace. Te plairait-il de vivre à Thèbes ?

– À Thèbes ? Je ne connais que la ville d'Akhetaton !

– Te plais-tu ici ?

– Rien n'est plus beau que cette cité !

Ankhesepaaton sourit.

– Reine ! Ne bouge pas ! Tu vas détruire ce masque !

– Je ne peux m'empêcher de rire lorsque tu parles ainsi. Tu ne connais aucune autre ville égyptienne ! Comment peux-tu savoir qu'Akhetaton est la plus belle cité ?

– Parce que tout le monde le dit, étrangers et Égyptiens !

– C'est un bon argument, en effet, murmura la reine en se défendant d'articuler.

– Je suis née dans une famille pauvre. Mon père est paysan. Il se plaît ici. Mon mari est mort de la peste.

– As-tu des enfants ?

– Oui. Deux. Ils sont encore petits. Mais je dois travailler pour les faire vivre car mes parents sont âgés. Ma mère les garde.

– Tu pourrais te remarier...

– Je ne le souhaite pas. J'ai beaucoup pleuré la disparition de mon époux.

– Quelques habitants d'Akhetaton ne sont guère pressés de quitter cette ville, dit la reine. J'en suis heureuse car je préférerais, moi aussi, rester ici.

– Que signifie ces remarques ? Je sais que beaucoup de commerçants sont déjà partis pour Thèbes.

– De nombreux fonctionnaires ont déjà fait leur malle. Le roi m'a demandé si je souhaitais partir.

– J'irai partout où se trouvera la reine ! dit aussitôt Milkia. La place qu'elle m'a donnée au palais était inespérée pour une femme de modeste origine.

– Ta fidélité me plaît. Rassure-toi. Tu resteras au service d'Ankhesepaaton tant qu'elle vivra !

IV

Aÿ taraudait, chaque jour, Semenkharê pour qu'il déménageât enfin à Thèbes. Si le roi était décidé, la reine retardait ce départ.

– Prends garde, lui dit un jour son grand-père. Nous courons à la catastrophe.

– Cesse de t'inquiéter, remarquable Aÿ. Les courtisans restent avec nous. Nous sommes heureux ici.

Chaque jour, Ankhesepaaton rendait visite aux prêtres lorsque Semenkharê n'en avait pas le temps. Elle se levait tôt et s'abandonnait aux mains habiles de ses coiffeuses et de ses maquilleuses. Vêtue toujours simplement mais avec goût, réservée mais ferme, elle était respectée. Il lui arrivait souvent de passer ses après-midi à lire, à écouter des poèmes ou de la musique, à tenter d'égaler sa mère à la harpe ou de parcourir les allées du parc. Peu douée pour les sports violents, préférant la méditation à la chasse mais admirant les femmes qui s'y adonnaient avec brio, Ankhesepaaton fréquentait souvent le sculpteur Thoutmès comme son époux l'en avait prié.

À l'instar de sa mère, elle prenait plaisir à parler avec cet artiste hors du commun qui avait accepté de rester à Akhetaton pour lui plaire et à poser pour lui pendant des heures entières. Après une discussion philosophique ouvrant l'esprit à la méditation, elle réfléchissait et restait sur un fauteuil, sans bouger, le regard hagard, les yeux dans le vide.

Cette attitude pensive et méditative était particulièrement appréciée par le sculpteur qui retrouvait non seulement dans les traits de la jeune femme ceux de sa mère Néfertiti mais qui pouvait, en outre, utiliser la douceur de son expression pour donner forme à son art. Néfertiti était plus hiératique, plus autoritaire, plus hautaine. Elle avait ce port de reine naturel que sa fille ne mettait jamais en avant de peur d'effrayer les Égyptiens qui attendaient de leur nouvelle souveraine plus d'humanité.

C'est cette même expression qu'Ankhesepaaton avait face à Aÿ en songeant à ces moments délicieux qu'elle passait dans le jardin royal ou dans les allées qui menaient aux boutiques installées dans les arcanes du palais. L'activité fébrile de son époux lui laissait le loisir de vaquer à ses occupations préférées. Jamais elle ne ressentait de contrainte. Comme elle le reconnaissait volontiers, « elle était née dans une famille exceptionnelle et avait un destin envié par toutes. »

– À quoi penses-tu ? lui demanda Aÿ qui continuait son discours. Tu ne m'écoutes pas.

– Excuse ma distraction, père Aÿ, répondit Ankhesepaaton, mais je me sens si bien ici.

Elle lui raconta comment elle aimait jouer au senet avec une amie, comment elle progressait avec son professeur de chant et de musique, comment, enfin, elle avait appris à oublier les malheurs qu'ils avaient connus, comment, surtout, elle s'occupait de sa petite fille qu'elle avait failli perdre.

– Ton enfant sera aussi bien à Thèbes qu'ici. Il est plus agréable de vivre à Thèbes. L'air y est plus doux, la chaleur plus facilement supportable. L'eau ne manque pas.

– La fille d'Akhenaton vit à Akhetaton. Quoi de plus normal ? Elle grandit, entourée de nourrices exceptionnelles.

– Tu les emmèneras avec toi !

– Les maîtres d'Akhetaton donnent la meilleure des éducations !

– Ils viendront, eux aussi, vivre à Thèbes ! Resterais-tu seule ici ?

– Veux-tu dire que cette ville sera abandonnée ? Qui entretiendra les sépultures de mes parents ?

– Ne t'inquiète pas à ce sujet. Nous organiserons tout. N'oublie surtout pas que Néfertiti était ma fille chérie et que je protégerai toujours sa tombe et son corps.

– Tu parles comme un homme qui en a fait la promesse devant les dieux.

– Ce n'est pas le cas. Mais jamais – entends-tu jamais ! – je n'admettrai que les tombes de tes parents soient profanées ! Même si les Égyptiens se détournent d'eux, ils resteront les êtres les plus chers de ma vie avec ma douce femme et mes petits-enfants.

Ankhesepaaton serra son grand-père contre elle.

– Tu me réconfortes, père Aÿ. J'ai confiance en toi.

– Je te trouve, cependant, trop dissipée.

– Je te promets de t'obéir.

– Ankhesepaaton, tu dois te plier aux règles. Souviens-toi de l'histoire de Rê, le premier pharaon de l'Égypte. Aucun roi ne fut, depuis, plus aimé que lui.

– Il a fait de l'Égypte un pays plus agréable à vivre que celui des Bienheureux !

– C'est exact. Mais les Égyptiens ont oublié de le remercier et de l'honorer si bien que Rê leur donna une leçon dont ils se souviennent encore aujourd'hui !

– Rê a créé Sekhmet.

– La chienne à tête de lionne qui peut être terrible et qui peut répandre tous les malheurs. Elle a tué de nombreux Égyptiens jusqu'à ce que Rê fût de nouveau considéré comme le grand dominateur de l'Égypte.

– Je ne vois pas où se dirigent tes paroles, divin Aÿ. Père tout-puissant que j'aime, je n'ai jamais été aussi heureuse.

– Parce que tu fréquentes Toutankhaton toute la journée et que tu délaisses ton époux...

– Pourquoi me fais-tu ce reproche ? Je tiens mon rôle de Grande Épouse royale !

– Je ne te reproche rien, ma chère Ankhesepaaton. Je constate seulement que tu te plais mieux dans la compagnie de Toutankhaton que dans celle de ton mari.

– Semenkharê est très occupé. Lorsqu'il ne s'occupe pas des affaites de l'État, il part à la chasse.

– Laisse-moi terminer l'histoire de Rê, Ankhesepaaton. Lorsque Rê fut enfin satisfait et qu'il demanda à Sekhmet d'arrêter d'envoyer des maux aux Égyptiens, celle-ci continua de sévir. Elle refusa d'obéir à Rê.

– Celui-ci réunit alors les dieux et leur dit de rassembler le plus de bière possible ainsi que de la teinture rouge. La bière colorée en rouge fut répandue largement à terre. Prenant la bière pour du sang, Sekhmet la but avidemment et se saoula.

– Mais Sekhmet avait projeté de tuer tous les hommes !

– Elle n'y parvint pas grâce à la ruse de Rê. Mon père avait raison de penser que le dieu Soleil est le plus rusé de tous.

– Rê a laissé sa place à son fils Horus lorsqu'il s'est senti las. Nos ancêtres ont construit plus de soixante-dix pyramides. Aucun n'a résisté à la vieillesse ni à la maladie. Je veux ainsi te faire comprendre que les rois doivent observer et tenir compte des signes divins. Il est grand temps que les dieux reprennent leur place et leur rang.

– Tu as pourvu à tout cela. Les prêtres d'Amon sont satisfaits.

– Non. Ce que nous avons fait est insuffisant. Si les hommes n'agissent pas comme ils le doivent, ils sont mangés par la créature à tête d'hippopotame et ne connaissent pas le merveilleux pays. Le roi doit faire respecter l'ordre. Prochainement, Semenkharê remontera le Nil en ta compagnie et accomplira un culte où il prendra le rôle d'Horus faucon.

Ankhesepaaton le regarda avec stupéfaction.

– Je ne connaissais pas ce rite !

– Parce que ton père Akhenaton les avait tous supprimés ! Tu remonteras le fleuve avec ton époux dans la barque royale et tu assureras ainsi l'ordre de Maât. Si tu te bornes à demeurer à Akhetaton, les dieux se vengeront et l'équilibre du pays sera de nouveau menacé.

– Tu m'effraies, Père Aÿ.

– Tu as raison d'avoir peur, Ankhesepaaton, car les dieux ne plaisantent pas ainsi que Sekhmet nous le fait comprendre. Ce scribe d'Amon chargé de tenir à jour les registres des temples réclame tous les biens qu'Akhenaton a donnés au scribe d'Aton. Le scribe protecteur des rites religieux estime que nous sommes loin d'être revenus aux anciennes coutumes. Le scribe du roi reçoit chaque jour des messages de mécontentement. Il a un tel travail à accomplir pour y répondre qu'il n'a plus le temps de rédiger les textes des plaques commémoratives. Semenkharê lui a demandé un texte pour honorer Aménophis III. Il n'en a pas écrit un hiéroglyphe !

– Que disent les nomarques ?

– Les quarante-quatre nomarques sont unanimes. Ils souhaitent que le pays soit dirigé comme autrefois.

– Et les maires, les intendants chargés des écuries, des approvisionnements ou du palais ?

– Ils sont tous d'accord avec les scribes et les nomarques. Ankhesepaaton, je te prie de songer à la devise du roi Kéti qui vivait il y a plusieurs siècles. Il disait qu'un souverain doit respecter les notables, nourrir le peuple, garder les frontières, œuvrer pour l'avenir car tout le monde reconnaît la sagesse de tels hommes.

Ankhesepaaton commençait à se laisser fléchir.

– Tu insistes beaucoup, Aÿ.

– Parce que c'est primordial. Je vais te laisser car je dois contrôler un arrivage important. Tu sais que nous manquons de chars. J'ai donc demandé au roi d'en faire fabiquer d'urgence. Le bois nécessaire à leur élaboration n'arrivait pas à Akhetaton. On vient de me prévenir que le bois nécessaire à la construction des roues a, enfin, été débarqué ce matin et que le fer servant à tailler les caissons est prêt à être travaillé. Nos artisans ont déjà fait une partie des chars avec du cuir. Nous aurons vite terminé ces véhicules. Des fantassins sont partis pour l'Asie avec des armes neuves, des boucliers, des lances, des haches et des dagues. Ils avancent assez vite. La charrerie les rattrapera et les secondera.

– Aÿ, j'admire ton travail et ton dévouement. Voilà ce que je te propose. Je dois recevoir de l'ivoire, des peaux, de l'ébène du pays de Koush. J'ai également envoyé une expédition chercher du lapis-lazuli. Des marchands crétois m'ont apporté des jarres magnifiques et de nouveaux cratères. Nous avions aussi besoin du cuivre chypriote et du suc de pavot avec lequel les Chypriotes préparent une potion anti-douleur. Les bateaux de nos courageux hérauts ont progressé lentement. Ils ont mis plus de deux semaines pour faire le voyage de Memphis. Dès que mon scribe aura noté tout ce que les chefs d'expédition rapportent, je te promets de songer plus sérieusement à notre éventuel déménagement à Thèbes.

Aÿ s'interrompait sans cesse. Dérangé par son scribe personnel, recevant maints messages, en dictant d'autres, renvoyant de nouveaux hérauts, faisant patienter des ambassadeurs, le haut fonctionnaire donnait l'impression de diriger le pays.

Comprenant qu'Ankhesepaaton pensait précisément à cela, Aÿ crut bon de remettre tout à sa juste place.

– J'ai hâte que le pharaon me supplée car je suis trop vieux pour faire face à toutes ces obligations, dit-il.

– Tu es haut fonctionnaire, reprit Ankhesepaaton. Personne ne s'étonne que tu remplaces le roi en son absence.

– J'en ai conscience, mon enfant. Il n'empêche qu'un fonctionnaire doit rester un exécutant et ne pas diriger l'Égypte à la place de Pharaon. Cette situation est exceptionnelle et ne saurait durer longtemps. Voilà pourquoi, malgré tout le travail que j'ai, il est indispensable que je fasse passer notre voyage pour Thèbes en priorité.

Ankhesepaaton s'excusa d'avoir retardé ses projets.

– Une reine ne s'excuse jamais. Je lui dois obéissance, lui répondit Aÿ. Ordonne et j'exécuterai. Je ne peux que te donner quelques conseils.

Aÿ fut une nouvelle fois dérangé par le scribe d'Horemheb.

– Le général a besoin de te parler de toute urgence, Père divin.

– Je termine avec la reine et rejoindrai Horemheb. Où est-il ?

– Dans le vestibule.

– S'il s'est dérangé, ce n'est pas sans raison. Qu'y a-t-il encore, par tous les dieux ? Allons-nous enfin réussir à mener à bien notre entretien ?

– Père Aÿ, un ambassadeur hittite vient d'arriver...

– Il a dû apprendre que nous envoyions des troupes en Asie. Il attendra. Je ne souhaite pas rendre de compte au roi du Hatti qui est le plus traître de tous les souverains.

– Veux-tu que je le renvoie ?

– Non. Ne provoquons pas un incident diplomatique. Dis-lui que je l'écouterai avec une grande attention dès que j'aurai terminé mon entretien. Invite-le de ma part au dîner. Il sera flatté.

Toutankhaton venait d'arriver. Il regardait ce ballet de scribes et de hérauts avec beaucoup d'inquiétude. Semenkharê ne lui avait jamais paru aussi accaparé. Quand il décidait de partir à la chasse ou de prendre son bateau pour les marais du Fayoum, personne ne l'en empêchait.

– Je te vois intrigué et inquiet, Toutankhaton, lui dit Aÿ.

– En plus de ta grande efficacité, père Aÿ, rien ne t'échappe. Mais comment fais-tu ? Jamais je ne réussirai à t'égaler ! Le roi Semenkharê est tellement plus calme !

– Ce n'est pas l'avis de son épouse ici présente !

– En effet, grand-père, répondit Ankhesepaaton. Mais je dois avouer qu'il n'est pas aussi sollicité que toi.

– Parce que je suis là pour accomplir les tâches royales. N'oublie pas que les hauts fonctionnaires de Semenkharê sont tous très efficaces. S'il tranche seul, un roi ne saurait prendre toutes les décisions ni connaître tous les dossiers !

Cette réponse ne tranquillisa pas Ankhesepaaton.

– J'avoue ne pas rejeter la gloire et la puissance, dit-elle. Mais j'aimerais aussi pouvoir vivre comme je l'entends.

Aÿ fit signe aux gardes de fermer la porte et de ne laisser entrer personne.

– Revenons à nous et à nos plans que vous garderez secrets.

Les adolescents hochèrent la tête.

– Ne pourrions-nous faire un premier voyage de reconnaissance à Thèbes ? demanda encore Ankhesepaaton. L'inconnu m'effraie.

– Les prochaines fêtes d'Amon nous en donneront l'occasion. Vous pourrez profiter du lac qu'Aménophis III avait fait aménager pour la reine Tiyi. C'est très agréable.

La jeune fille tapa dans ses mains comme une enfant.

– Voilà enfin une bonne nouvelle. Donne-nous d'autres exemples de ce genre !

L'un des gardes osa interrompre le prêtre qui lut encore un message. Ce fut au tour de Toutankhaton de se laisser aller à la rêverie. Sans oser l'affirmer aussi nettement qu'Ankhesepaaton, il n'avait aucune envie de quitter les espaces désertiques où il avait pris l'habitude d'aller chasser. Il en connaissait tous les pièges et tous les dangers. Le terrain d'exercice d'Akhetaton lui plaisait. Pourquoi aurait-il été à Malqatta ? Il aimait se lever en observant le Nil de sa fenêtre et suivre des yeux le soleil se coucher derrière les monts qui encadraient la ville.

– À quoi penses-tu ? susurra Ankhesepaaton à l'oreille de son demi-frère. Tu sembles encore plus mélancolique que moi !

– Je pensais juste aux bons moments que nous avons passés ici.

– N'oublie pas ce que mon grand-père vient de dire... Nous ne nous rendons pas à Thèbes pour y résider définitivement. Nous allons juste y faire un court séjour.

Toutankhaton la regarda en souriant tristement.

– Tu es bien naïve. Toutes les filles le sont. Ne comprends-tu pas ?

Mais il s'interrompit car il ne souhaitait ni la contrarier ni la rendre malheureuse.

– Comment oublier ces temples où nous nous sommes rendus chaque matin avec assiduité ? Comment rayer de notre mémoire cette nécropole, ce palais, ces habitations, ces ateliers, ces boutiques, ces autels ?

– Tu me fais peur, Toutankhaton. Tu parles comme si nous allions partir en mettant le feu à notre ville !

– Je n'ai pas un bon pressentiment. J'ai l'impression que tout le monde veut la quitter. Elle est pour beaucoup synonyme de deuil, de maladie, de douleur et de renoncement.

– Tant d'hommes sont déjà partis ! Mais ce n'étaient que des lâches et des traîtres !

Aÿ s'emporta.

– Que les messagers patientent ! J'ai donné des ordres ! Je ne veux plus être dérangé.

Il observait sa petite-fille du coin de l'œil et la connaissait trop pour ne pas comprendre ce qu'elle craignait. Pâle, subitement très triste, les yeux embués de larmes, il la sentait désemparée. Parce qu'il l'aimait tendrement, cette situation lui déplaisait. « Si nous pouvions rester ici pour leur plaire. Mais ils aimeront tellement mieux Thèbes et Memphis ! »

– Père Aÿ ?

– Oui, je t'écoute ! Ensuite, tu fermeras cette porte et ne l'ouvriras plus jusqu'à ce soir !

– L'avenir me fait peur, ajouta Ankhesepaaton en se rapprochant de Toutankhaton. Où serons-nous enterrés si nous partons maintenant ? Que deviendront les sépultures de notre famille ? J'ai tenté d'en savoir plus en questionnant le sculpteur Thoutmès. Il est muet comme les poissons du Nil !

– Il est aussi doué que têtu. S'il a décidé de garder le silence, tu n'obtiendras rien de lui !

– Promets-moi de rester toujours auprès de moi et de me protéger.

– Bien entendu, Ankhesepaaton. Songe aussi à ta fille qui a besoin de toi. Oublie tes propres chagrins. Ta fille a été sauvée par la main des dieux. C'est un tel miracle que tu ne dois plus voir la vie avec morosité.

– Tu as raison, Toutankhaton ! J'ai passé des jours tellement terribles, Aujourd'hui, je dois supporter avec courage un petit changement. Qu'est-ce qu'un déménagement face à la mort ? Je savais que tu trouverais les mots pour me réconforter.

Aÿ revint vers eux et s'excusa.

– Tu as retrouvé le sourire, Ankhesepaaton.

– Oui, grand-père car je suis avec deux des hommes que j'aime le plus au monde avec mon époux !

V

– De quoi parliez-vous ? insista Aÿ. Toutankhaton, tu as enfin réussi à redonner le sourire à ma petite-fille. Que lui as-tu dit ?

– Grand-père, Toutankhaton a eu l'intelligence de me rappeler que nous avions survécu à bien des malheurs et surtout que ma petite fille était en vie. Depuis qu'elle est tombée malade et que les dieux l'ont guérie, que puis-je demander d'autre ? Rien n'égale le bonheur que je ressens en la serrant chaque jour dans mes bras !

– Merci d'avoir trouvé les mots justes, Toutankhaton. Tu es plein de bon sens et toi, Ankhesepaaton, tu devrais avoir honte de te plaindre alors que les divinités t'ont comblée. Nous étions tous persuadés que ta fille n'avait plus que quelques jours à vivre. Au lieu de quoi, elle s'est enfin levée et elle est aujourd'hui aussi belle que sa mère.

– Elle a besoin de moi.

– Songe à son éducation. Surveille ses nourrices. Que vous soyez ici ou à Thèbes, l'amour que tu porteras à cette enfant ne changera rien.

– Sinon qu'elle ne recevra pas la même éducation à Thèbes et que les paysans ne sauront pas...

– Détrompe-toi. Je vois que votre propre éducation est à faire ! Cessez tous les deux de penser que les meilleurs maîtres sont à Akhetaton. Ceux qui sont ici viendront avec nous à Thèbes. Des professeurs itinérants s'installent régulièrement à Thèbes. Ils viennent de tous les horizons. Ce sont de loin les plus grands des maîtres. Jamais vous ne trouverez meilleurs éducateurs.

– Tes propos continuent de m'étonner, grand-père.

– Alors, laissez-vous guider. Voyez et jugez. Nous en reparlerons à Thèbes.

– Je dois vous laisser... dit Toutankhaton.

– Mais nous n'en avons pas fini ! insita Aÿ.

– Divin Père Aÿ, écoute-moi, lui dit Toutankhaton. Je suis sûr que tu vas m'approuver. Je dois vérifier si les cuisiniers ont broyé les céréales et si le scribe du roi a noté la nouvelle formule de momification que Semenkharê a innovée pour mon père.

– J'admire cette technique qui donne un si bel aspect au visage des morts. Injecter de la résine et des sels dans les membres et le cou, il fallait effectivement y penser ! Le résultat est spectaculaire !

– Tu comprendras donc que j'attache une importance extrême à cette technique que nous allons dorénavant utiliser et qui doit être répertoriée dans les textes des scribes puis soigneusement rangée dans les archives. J'y suis d'autant plus attaché qu'Akhenaton pourra ainsi conserver son apparence. Aucun pharaon ne fut plus beau que lui. Nous lui ressemblons tous.

– Je ne peux te reprocher de penser à ton père, dit Aÿ. Tu as raison d'attacher de l'importance à ces techniques. Tous les Égyptiens sont concernés. Ils les utiliseront tous dès qu'elles seront clairement notées.

– Il m'est indispensable de savoir que mon père et tous ceux qui me sont chers soient dans l'Au-Delà les plus beaux du monde.

Ankhesepaaton regardait le jeune garçon avec beaucoup de tendresse. Elle lui prit la main et le remercia encore pour son humanité.

– Notre père aurait été satisfait, dit-elle. Je te remercie de songer à lui en ces termes et j'ai honte de ne pas y avoir pensé avant toi.

– Il ne s'agit pas d'une compétition, mes enfants. Vous êtes tous deux généreux et attachants. Restez ainsi. J'espère que le pouvoir ne vous transformera pas et que vous conserverez un cœur en or.

– Pourquoi en serait-il autrement, grand-père ?

– Parce que la fortune, la puissance et les complots qui entourent les rois changent leur caractère et les endurcissent. Certains perdent le jugement.

– Si cela m'arrive, grand-père, je t'autorise à me remettre dans le droit chemin !

– Tu as, en effet, les traits de ton père, dit Aÿ à Toutankhaton. Tes doigts et tes orteils sont plus longs que ceux des autres hommes. Tu es si courbé que ton ventre paraît plus rond que celui des autres Égyptiens. Ton visage est allongé.

– J'ai, hélas, comme mon père, des troubles visuels...

– Tu veux donc honorer ta race et la mettre en valeur.

– Cela me paraît indispensable.

– Quand tu auras accompli toutes tes tâches, réapprends les mythes d'Osiris.

– Akhenaton m'a seulement fait apprendre ceux qu'il avait écrits pour Aton.

– Tu as donc du travail. Mon scribe t'aidera. J'ai interdit au Grand Prêtre d'Aton de poursuivre son enseignement. Les étudiants se passeront de ses cours. Les traités et la correspondance d'Aménophis III et d'Akhenaton seront emportés à Thèbes. J'irai faire le tri au bureau des archives et des registres. Les policiers du poste voisin viendront m'aider. Mes ordres aux prêtres chargés de l'éducation des jeunes dans la Maison de vie ont été stricts. Je ne veux plus entendre parler du seul Aton.

Ankhesepaaton avait du mal à s'imaginer loin de son palais aux nombreuses salles d'audience, aux multiples cours, aux cuisines, harems, appartements, entrepôts gigantesques.

Contrairement à ce qu'elle avait dit à son grand-père, elle préféra réfléchir seule et immédiatement à son avenir.

– Mes tâches attendront, dit-elle en quittant le bureau d'Aÿ. J'ai besoin de réfléchir car je dois donner une réponse à mon époux et à mon grand-père. Il serait indécent, devant leur insistance, de les faire patienter plus longtemps. Si je suis vraiment hostile à ce départ, je dois le leur dire franchement. Mais pourquoi ai-je tant de mal à me décider ? Ce que m'a dit Toutankhaton est exact. Qu'importe de vivre à Thèbes ou à Akhetaton puisque j'aurai ma fille avec moi !

Dès qu'elle fut dans le vestibule, elle ralentit son allure et chercha un endroit tranquille. Comme elle s'apprêtait à s'asseoir dans l'un des salons, deux joueuses de flûtes se précipitèrent dans la pièce pour l'accompagner.

– Laissez-moi seule, dit-elle en vain car deux autres servantes venaient lui proposer de l'eau.

– Où sont les gardes de la reine ? demanda Horemheb en voyant, à son tour, Ankhesepaaton seule assise dans le salon.

– Général, je veux méditer loin du monde. Chasse tous les domestiques ! Je n'ai pas besoin de garde !

– Aÿ est-il occupé ?

– Non. Je crois qu'il a terminé. Je me trouvais avec lui.

– Bien. Je crois savoir ce qui te préoccupe. Je préfère

te laisser y songer. Mais fais le bon choix, reine bien-aimée. L'avenir des Égyptiens en dépend.

La reine se leva, décidément très agacée par tous ces fonctionnaires chargés de la convaincre.

– Horemheb, plus vous insistez, moins j'ai envie de me plier à vos volontés. Vous avez tous d'excellents arguments et j'ai tout écouté avec attention. Maintenant, laissez-moi réfléchir. Je ne veux plus entendre ni mon mari ni aucun de ses conseillers. Je vais tenter de prendre une décision sage.

Sentant qu'il était sur le point de faire capoter le travail d'Aÿ, Horemheb se baissa respectueusement et laissa passer la reine.

– Quelle famille ! murmura-t-il en empruntant le couloir menant au bureau d'Aÿ. Ces femmes ne sont pas faciles à convaincre ! Il ne faudrait pas qu'Ankhesepaaton prenne exemple sur sa mère car je finirais bien vite par la haïr !

Ankhesepaaton se rendit dans l'un des trois jardins en terrasse qui dominaient le fleuve et qui était toujours au frais. Les jardiniers la reconnurent et la saluèrent bas en s'étonnant de la voir seule errer dans les allées désertes. Elle s'assit sous une tonnelle et demanda aux gardes qui étaient venus la rejoindre sur ordre d'Horemheb de l'attendre à l'écart.

– Nous devons apercevoir Sa Majesté.

– Bien sûr. Mettez-vous là-bas... (elle désigna un petit kiosque du doigt). Vous y serez à l'abri du soleil. Je vais vous faire servir de la bière.

Une délicieuse fraîcheur venait caresser les épaules nues de la reine. L'air était légèrement tiède. Les bruits des chars sur la route principale arrivaient jusqu'à elle. Elle regarda la fenêtre d'apparition où son père et sa mère avaient été maintes fois acclamés. Ils avaient distribué là tant de colliers en or et contenté ainsi tant de fonctionnaires !

– Comment pourrais-je vivre à sept jours de bateau d'Akhetaton ? Je me plais ici. J'y ai passé toute ma petite enfance !

Ankhesepaaton avait pris l'habitude de se rendre au château d'Aton pour y réfléchir. Avant son mariage, elle avait prié le dieu qui avait recueilli toutes ses confidences. Les Égyptiens allaient dans le temple d'Aton aux pylônes aussi grands que ceux de Karnak pour s'y recueillir.

– Mon grand-père a raison, dit Aÿ. Mon père a été trop laxiste. Nos tributaires ne paient plus leurs impôts. Aucun de nos alliés ne respecte plus nos traités depuis longtemps. Le temple d'ombre solaire de Kiya n'est plus entretenu. Le parc est envahi par les mauvaises herbes. Les kiosques sont recouverts de feuilles. Les bassins sont sales et les murs des kiosques représentant la mère de Toutankhaton en train d'honorer le dieu recouverts de poussière. Qui penserait que Kiya s'y recueillait comme dans notre temple privé d'Aton ? Qui s'en soucie ? Je dois me rendre à l'évidence : personne n'entretient plus cette ville. Soit j'y remédie et ordonne à tous de vivre comme au temps de mon père, soit j'écoute le sage Aÿ et je pars habiter à Thèbes avec le roi. Semenkharê ne m'a jamais rien imposé. Il écouterait mes arguments.

Ankhesepaaton revit l'époque où elle accompagnait Toutankhaton à la chasse. Celui-ci faisait son apprentissage avec un arc de petites dimensions. Tous deux se cachaient dans les marais et attendaient les oiseaux en retenant leur envie de rire.

– Toutankhaton me suivra-t-il réellement à Thèbes ?

Il lui était impossible de se passer de sa présence. Elle

aimait le voir monter avec agilité sur son char et partir au galop dans le désert. Toutankhaton savait conduire un char depuis l'âge de sept ans.

– Aÿ voudrait que le nom d'Amon réapparaisse sur tous les monuments. L'œuvre des ouvriers de mon père a été sauvagement accomplie. Ils n'ont rien laissé au hasard sauf peut-être l'inscription du nom divin en haut des obélisques. La divine Hatchepsout figure toujours sur chaque pyramidion avec son père Amon.

Ankhesepaaton avait également entendu certains fonctionnaires comploter à la mort de son père. Elle n'était pas sûre que tout était rentré dans l'ordre.

– Aÿ a-t-il voulu me faire comprendre que notre survie dépendait de notre installation à Thèbes ? Si je refuse d'y aller et si je parviens à convaincre Semenkharê de vivre ici, qu'adviendra-t-il ? Les prêtres d'Amon penseront que nous avons adopté la religion de mon père. Les notables en profiteront pour tenter de détrôner le roi en proposant une autre politique. Je dois écouter la voix de la raison et parler à Toutankhaton pour savoir s'il est vraiment disposé à changer de ville comme il me l'a dit.

Les paroles du jeune garçon ne la quittaient pas.

– Je te suivrai partout. Je t'accompagnerai. Nous continuerons à nous voir, à partager nos loisirs...

Les gardes vinrent la chercher.

– Que voulez-vous ?

– La nuit va tomber, reine. Nous avons des ordres stricts. Sa Majesté ne doit pas rester seule à la nuit tombée.

– Qui vous donne des ordres dans ce palais ? Le roi, la reine ou le général Horemheb ?

– Le roi, Majesté !

– Que vous a dit Semenkharê, fils d'Horus ?

– Rien de précis.

– Suivez-moi. J'ai terminé. Je suis maintenant fixée. Cependant, je n'ai pas l'intention de rentrer encore dans mes appartements. J'ai envie de contempler le soleil et de le voir rougir et se refléter dans les eaux de cet étang. Continuez votre surveillance. Je vais m'asseoir auprès de l'eau.

Elle se leva et avança avec nostalgie vers l'étang qu'elle avait elle-même fait aménager. Des canards au plumage vert, noir et blanc se laissaient aller à la surface, les pattes repliées sous eux. Certains somnolaient après avoir mangé.

Ankhesepaaton leur lança du pain.

– Donne-moi des galettes de céréales, dit-elle au jardinier qui ramassait, à l'aide d'une grande épuisette, les feuilles qui flottaient à la surface.

Elle se mit à lancer des morceaux de galette comme une enfant et claqua la langue pour appeler les bêtes. Habitués à sa présence, les canards se rapprochèrent et vinrent manger ce que la reine leur donnait. Ankhesepaaton s'assit sur un banc en pierre recouvert de mousse.

– Sa Majesté va se salir... dit le jardinier en ne cessant de se courber devant elle.

– Oublie-moi et poursuis ton travail. Il faudrait, en effet, nettoyer cette mousse.

– Elle revient vite malgré la sécheresse.

« Que deviendront ces étangs et ces animaux ? se demanda Ankhesepaaton. Faut-il réellement songer à tout et retarder ce départ ? Dois-je tourner définitivement le dos à mon enfance et à ces lieux ? Toutankhaton a raison : si nous partons, nous ne reviendrons jamais à Akhetaton ! J'en ai la conviction. Je le sens au fond de mon cœur. »

Un garde courut vers elle de nouveau.

– Ta fille te demande, Majesté.

– J'arrive immédiatement !

Elle se retourna vers l'étang, jeta l'ensemble des galettes après les avoir rapidement broyées et rentra d'un pas précipité.

VI

Aÿ triait toute la correspondance d'Akhetaton. Il relut quelques-unes des lettres que le roi de Byblos avait envoyées à Akhenaton.

– Soixante, soixante et une, soixante-deux. En voilà encore deux. Je crois que tous les échanges épistolaires d'Akhenaton avec le bon roi de Byblos sont regroupés là. Que vais-je faire des lettres que le roi a envoyées à Aménophis III ? Ni l'un ni l'autre n'ont suffisamment aidé le souverain de Byblos. Horemheb n'est pas étranger à ces décisions.

Aÿ songea de nouveau à l'entretien qu'il avait eu avec Toutankhaton, Semenkharê et Ankhesepaaton. Il avait gardé la porte ouverte pour avoir un peu d'air et s'était assis à la place du scribe chargé des archives.

– Ce travail est fastidieux. Mais je suis le seul à savoir ce qu'il faut conserver ou jeter. Heureusement que le scribe a classé ces rouleaux par année.

Aÿ semblait soucieux. Il travaillait presque machinalement.

« Je crois que Semenkharê est enfin prêt à quitter Akhetaton. Il a bien compris qu'il agirait ainsi pour le bien de son pays. Mais Toutankhaton raisonnera-t-il de la même manière ? Il est capable de s'y opposer pour prendre le contre-pied des idées du pharaon. »

Aÿ avait beau se dire que l'avis de Toutankhaton n'était pas fondamental, la décision d'Ankhesepaaton risquait de dépendre de lui.

– Ma petite-fille est très attaché au fils de Kiya. Elle ressent de vifs sentiments pour lui. J'espère que Semenkharê ne s'en apercevra pas. Dois-je lui conseiller de moins fréquenter Toutankhaton alors que nous l'avons presque contrainte à épouser le roi ?

Le scribe s'inquiétait et vint aux nouvelles. Il surprit Aÿ dans ses pensées. Le prêtre sursauta.

– Je dois te féliciter pour ce classement impeccable qui m'aide considérablement, reconnut Aÿ. La lecture de ces lettres est longue et ennuyeuse. Regarde celle-ci !

– Elle a été envoyée par le roi de Byblos, dit le scribe en souriant. Ce souverain est réputé pour la longueur et la fréquence de ses messages !

– Voilà pourquoi il a fatigué nos rois ! Je crois qu'Akhenaton ne lisait même plus ses appels au secours qui se ressemblaient tous !

– Ce roi est, pourtant, demeuré fidèle à l'Égypte.

– Du moins le clame-t-il dans toutes ses lettres ! Mais n'en rajoute-t-il pas un peu ?

– Aménophis III se méfiait de ce petit souverain obséquieux et lâche. Puis-je t'aider, Père Aÿ ?

Le scribe chargé des archives, qui avait un titre important à la cour, s'était déjà assis en tailleur au pied de la table où étaient étalés tous les messages.

– Il me faut impérativement lire moi-même cette correspondance, dit Aÿ. Je ne dois surtout pas jeter les engagements des rois ou les contrats !

– J'ai classé à part les traités de paix et de guerre. Ils se trouvent là-haut, sur l'étagère.

– Avons-nous des doubles ? As-tu pensé à faire des copies ou sont-ils tous originaux ?

– J'ai copié les traités les plus importants, comme celui du Hatti avec l'Égypte.

– Traité que le roi hittite n'a jamais respecté.

– Hélas !

– Tu peux m'aider en vérifiant si les destinataires de ces courriers sont les mêmes, dit Aÿ en lui montrant une pile de rouleaux. Sinon, classe-les par région.

Le scribe se leva promptement et emporta les rouleaux sur une autre table. Chacun se plongea bientôt dans son travail. On n'entendait plus que le chant triste d'un oiseau qui attendait la fraîcheur du soir.

– Nous aurions la place de tout conserver ici, remarqua soudain le scribe. Pourquoi faire ce tri ?

– Je préférerais ne pas répondre à cette question. Tu le sauras bien assez tôt. En réalité, mentit Aÿ, je n'en sais pas plus que toi. J'obéis aux ordres du roi.

– Sa Majesté a des idées curieuses. Cette correspondance ne prend guère de place... Nous avons encore trois bureaux vides.

– Si tu m'empêches de lire, ajouta Aÿ, je préfère rester seul. Inutile d'insister. Je ne t'en dirai pas davantage. Le roi souhaite peut-être faire le point sur les relations que l'Égypte a entretenues ces dernières années avec les autres pays.

Aÿ déroula d'autres messages.

– Le roi de Byblos réclame au pharaon des chevaux et des fantassins pour lutter contre le souverain d'Amourrou. Aménophis III ne l'a manifestement pas aidé. « À Amanappa, le grand général égyptien. Message de ton fils le roi de Byblos. Je suis à tes genoux. Pourquoi me laisses-tu seul ? Parle au pharaon pour moi pour qu'il m'envoie des secours le plus vite possible ! » Amanappa n'a pas dû répondre car le roi de Byblos a envoyé un autre message au roi égyptien. Quel flatteur ! Qu'écrit-il ? Qu'il tombe aux pieds du pharaon, Soleil tout-puissant. Il prétend avoir échappé de peu à la mort et regrette que le pharaon soit insensible à son sort. Akhenaton n'aurait pas dû rester impassible. Le roi de Byblos a toujours été notre allié. Il était naturel de l'aider face à ce chien de roi d'Amourrou, prêt à s'allier aux redoutables Hittites. Il est vrai qu'il ne cessait de geindre. Ces lettres en témoignent !

Aÿ était conscient de ses responsabilités et des ambitions des hauts fonctionnaires qui le servaient.

– Nous avons eu raison de choisir très vite un successeur à Akhenaton car les luttes pour le pouvoir sont terribles. Face à tous ces anciens alliés que le roi a déçus et qui nous le reprochent, il fallait un pharaon populaire.

Aÿ ignorait, cependant, que les ambitieux notables n'avaient pas perdu l'espoir de s'imposer à la place du jeune roi. Les plus vindicatifs étaient ceux qui risquaient de perdre leur emploi. Le Grand Prêtre d'Aton, également chancelier, prince héréditaire, flabellifère et apprécié du roi, qui était devenu le personnage le plus important de la cour n'avait même pas été convoqué par le nouveau pharaon. Lui qui possédait l'une des plus belles tombes, qui avait reçu d'Akhenaton des colliers en or et qui était devenu un proche conseiller du pharaon était méprisé et mis à l'écart. Mais le Grand Prêtre avait beau demander audience à Semenkharê, celui-ci lui opposait refus sur refus. Comment pouvait-il le décider à poursuivre la politique d'Akhenaton ?

Le Grand Prêtre redoutait, cependant, le puissant Aÿ dont la sépulture était plus imposante encore que la sienne et dont les titres étaient impressionnants. Flabellifère, Intendant des écuries royales, Scribe et père divin, intime du roi marié à la nourrice de la reine Néfertiti, digne de l'or que le pharaon donnait au couple, Aÿ avait fait marquer sur les murs de sa tombe qu'il avait été honoré tous les jours par un roi de plus en plus généreux. Il aimait rappeler que sa générosité, son efficacité et le rôle important de son épouse avaient été récompensés à juste titre. Il était donc normal que le pharaon lui ait donné d'année en année des récompenses aussi nombreuses que des grains de sable.

Le Grand Prêtre d'Aton ne pouvait que constater l'évidence : Aÿ était de loin le personnage le plus influent de l'État. Seul Panéhésy qui avait les mêmes intérêts que lui le comprenait. Tous deux souhaitaient que Semenkharê revînt à l'ancienne religion.

Certains scribes avaient entendu d'étranges discours circuler dans les couloirs du palais.

– Père divin, commença le scribe chargé des archives en remettant les rouleaux inspectés à leur place, des rumeurs circulent. On raconte que des fonctionnaires voudraient conserver les rites d'Aton. On se demande pourquoi le roi les a totalement supprimés.

– Aurais-tu entendu des réflexions à ce sujet ?

– Oui. Quelques-uns voudraient ouvrir les temples d'Aton, les nettoyer et refaire des sacrifices sur ses autels.

– Si tu entends encore de tels propos, note le nom de ceux qui en parlent et viens aussitôt m'avertir. Je pensais que le temps des honneurs rendus au seul Aton était révolu.

– Les Égyptiens souhaiteraient vénérer les dieux. Or, aucun autre autel n'est prévu à Akhetaton...

– Il est vrai que les sacrifices et les offrandes ne peuvent être faits que dans les temples d'Aton. Je comprends la nécessité pour le peuple d'honorer les dieux. Si nous ne quittons...

Mais Aÿ s'interrompit.

– As-tu terminé ?

– Oui, Père divin.

– Tout était en ordre ?

– Rien n'était déclassé. Tu devrais en avoir terminé assez rapidement.

– Dans ce cas, laisse-moi...

Mais Aÿ se ravisa.

– Attends ! Es-tu sûr de tout me dire ?

– Oui, Père divin. Il faudrait que le roi songe à faire construire des sanctuaires, des temples et des autels pour les autres dieux s'il ne veut plus honorer Aton.

– Il ne s'agit pas de mépriser Aton qui reste un dieu primordial, ajouta Aÿ. Mais tu as raison...

– Le clergé est inactif. Il se lamente.

– Qu'il nettoie les salles des temples ! Je vais moi-même lui donner des ordres. Tu as bien fait de me parler.

Le scribe le laissa de nouveau seul.

– Il est vrai que les Égyptiens ne doivent rien comprendre à la politique du roi. Abandonner les cultes rendus à Aton sans en créer d'autres. Voilà une fâcheuse erreur. Certains doivent se souvenir des hommages rendus à Amon, à Ptah, à Hathor ou à Bès. D'autres, trop jeunes, n'ont jamais fêté aucun autre dieu qu'Aton. Je n'aime pas savoir les membres du clergé inactifs. Que complotent-ils contre les prêtres d'Amon ? Ils ne rendent pas le trésor d'Aton de gaieté de cœur. Eux qui gagnaient beaucoup d'argent sont devenus de simples citoyens que le roi dédaigne !

Aÿ se hâta de finir la lecture de ses lettres. Après avoir jeté celles qui ne l'intéressaient pas et conservé précieusement les autres dans des boîtes cylindriques ou dans des coffres, Aÿ marcha à grands pas vers le bureau de Semenkharê.

– J'espère qu'il est là. Nous n'avons pas de temps à perdre. Même si nous partons très vite pour Thèbes, des ouvriers doivent fabriquer rapidement des chapelles en bois pour que les Égyptiens puissent y déposer leurs offrandes. Comment ai-je pu oublier cela ?

Comme Semenkharê dictait un message, Aÿ entra dans la pièce et exigea que le jeune roi l'écoutât aussitôt.

– Nous devons prendre des mesures urgentes ! lui dit-il.

Quelque peu étonné, le roi renvoya son scribe d'un revers de la main et fit signe à Aÿ de s'installer dans un fauteuil juste en face de lui.

– Si tu me déranges en plein travail, je suis persuadé que c'est important.

– Capital ! Je ne veux plus que le clergé d'Aton reste inactif. Je connais les prêtres. Ils ruminent et se demandent comment ils pourraient bien revenir au premier plan. Gloire, argent, titres leur manquent !

– Ils prennent du repos après avoir bien travaillé, se contenta de répondre Semenkharê. Ne le méritent-ils pas ? Ils n'avaient aucun moment de répit sous le règne d'Akhenaton ! Ils ne sont pas inactifs depuis si longtemps ! Pourquoi n'entretiennent-ils pas les temples d'Aton ?

– Parce qu'ils trouvent, sans doute, cela trop déshonorant pour eux !

– Qu'y puis-je si le culte d'Aton a perdu de son prestige ? Les prêtres d'Amon ont été mis à l'écart. Ils retrouveront leur grandeur. Quant aux autres...

– Tu ne peux pas traiter les prêtres de cette manière, Semenkharê, dit Aÿ avec effroi. Aurais-tu oublié que Pharaon ne gouverne pas sans les clergés ? Tu vas faire construire des chapelles en l'honneur des autres dieux pour contenter le peuple. Il faut recevoir les Grands Prêtres d'Aton. Que la Grande Épouse leur parle et les invite dans ses festins. Ils seront flattés.

– Ensuite, nous partirons pour Thèbes.

– Sans doute.

VII

Venant de rendre visite à son complice et ami pour la seconde fois de la journée, le Grand Prêtre d'Aton insista auprès de Panéhésy pour que celui-ci parlât à Aÿ.

– À nous trois nous pouvons tout bouleverser et conserver la religion d'Akhenaton. Tu as tout à y gagner.

– Comme toi. Il faudrait, cependant, agir seuls car Aÿ ne nous soutiendra pas. J'en ai la preuve formelle.

– J'aurais préféré avoir son appui.

– C'est impossible, répondit Panéhésy. Son plan est prêt. Il va l'appliquer et nous devons agir vite.

– Agir ?

– Oui. Je ne veux pas perdre mes titres ni mon pouvoir à la cour.

– Je ne le souhaite pas plus que toi.

– Alors agissons sans Aÿ. Prenons la tête de l'Égypte. Nous en sommes capables, insista Panéhésy.

– Nous étions très fidèles à Akhenaton. Je n'ai aucune envie de nuire à Semenkharê.

– Tu accepterais de redevenir un simple citoyen alors que tu as reçu les plus grands honneurs ? Semenkharê nous ignore. Aÿ ne nous consulte plus. Va-t-on laisser les tombes d'Akhetaton aux mains des vandales ? Si nous partons tous, nos maisons, nos palais, nos nécropoles seront pillés !

– Tu as raison, Panéhésy, il est temps de nous ressaisir.

– Que proposes-tu ? Chassons le roi et prenons le pouvoir.

– Tu oublies Horemheb. Il dirige l'armée. Les soldats lui obéissent, les yeux fermés.

– Les fantassins sont faciles à manipuler. Nous aurons toute autorité sur eux !

– J'en doute ! Le vieux général dirige ses troupes depuis des années. Personne n'écoute les autres chefs. Il est resté celui qui décide des stratégies, qui choisit les effectifs, qui fait revenir des escadrons des frontières ennemies. Il forme les recrues et surveille leur entraînement. Malgré une petite éclipse pendant laquelle tout le monde pensait qu'Horemheb avait pris sa retraite, le général n'a jamais quitté son poste.

Les deux hommes furent interrompus par la compagne de Panéhésy qui était beaucoup plus jeune que le fonctionnaire. Fort de son charme et de sa puissance, celui-ci choisissait toujours des adolescentes qui n'hésitaient pas à le servir humblement.

– Tu parles devant elle ? demanda le Grand Prêtre.

– Oui.

– Les femmes ont la langue plus longue que celle des chats.

– Je le sais mieux que quiconque. Mais elles savent aussi qu'elles n'ont aucun intérêt à me tromper. Je leur offre tout : le luxe, une vie aisée et plaisante, des bijoux, de beaux vêtements, parfois une maison.

– Tu en changes souvent. Comment peux-tu être sûr de leur fidélité. Quand elles te quittent, elles peuvent parler et te dénoncer.

– Non. Qui les croirait ? Elles me jurent obéissance

et je les crois. En échange, elles obtiennent une vie de rêve. Ne sont-elles pas aguichantes ?

Le Grand Prêtre d'Aton se sentit mal à l'aise.

– Je dois avouer que tu as un goût sûr et que tu es toujours très bien entouré.

La jeune femme qui venait servir Panéhésy sourit et remercia la Grand Prêtre d'un regard langoureux. Sous ses cils épais et noirs luisait un regard malin et charmeur. « Je me demande comment Panéhésy peut faire confiance à de telles femmes ! se dit le Grand Prêtre. Celle-ci le tromperait pour un coffre d'or ! »

– Tu t'es vêtue comme je le voulais. Cette tunique transparente et fendue jusqu'à la taille te va bien.

Quand l'Égyptienne se baissait, les deux hommes pouvait aisément voir ses hanches et ses fesses. La transparence de la matière laissait deviner ses seins menus. Ses chevilles étaient entourées d'une fine chaîne d'or à laquelle pendaient de très petites amulettes dorées. Sa perruque, mi-longue et épaisse, légèrement ondulée, aux reflets bleu nuit, faisait ressortir l'éclat de ses yeux largement entourés de fard à paupières verdâtre et de khôl. Elle était petite comme la plupart des Égyptiennes.

Elle servit du vin et des fruits. Un domestique l'aida à les disposer sur un trépied. Panéhésy la regardait avec des yeux gourmands. Il était manifestement très fier de son acquisition.

– Qu'as-tu fait de la jeune Mitannienne qui faisait tes délices ? L'aurais-tu abandonnée ?

– Hélas, l'homme aime le changement. Elle est toujours à mon service. Mais elle n'est plus la favorite.

– Tu parles comme un roi !

– Je rêve d'être Pharaon pour avoir des centaines de femmes. Je crois que l'homme ne se lasse jamais de changer. Il apprécie la jeunesse. J'aime être servi par des adolescentes agréables à regarder.

La Grand Prêtre préférait attendre que la nouvelle élue sortît de la pièce pour entamer un sujet épineux. Cependant, celle-ci s'attardait et se pavanait devant Panéhésy en dégageant des effluves de parfum.

– Veux-tu t'asseoir ici et nous chanter un hymne d'Akhenaton ? demanda Panéhésy.

– Il faudrait appeler la flûtiste et la harpiste.

– Je t'écouterais volontiers, dit le Grand Prêtre. J'aimerais, toutefois, que nous terminions notre entretien.

La jeune femme se tourna, blessée, vers Panéhésy.

– Elle comprend que tu la mets à la porte et que tu te méfies d'elle.

– Il est vrai que je serais plus à l'aise si nous étions seuls.

La jeune femme s'apprêtait à sortir lorsque Panéhésy la rappela.

– Reste ! Nous t'écouterons tout à l'heure.

Le fonctionnaire savait que la jeune femme irait plus volontiers le trahir s'il ne lui faisait pas confiance. Elle avait la possibilité d'écouter aux portes, de saisir une conversation quand elle apportait un plat. Les occasions d'entendre un secret étaient multiples et fréquentes.

– Nous parlions d'Horemheb, rappela Panéhésy en invitant d'un geste l'adolescente à s'asseoir tout près de lui. (Il lui donna une grappe de raisin qu'elle mangea avec joie.)

– Horemheb n'est pas éternel sur cette terre. Il ira bientôt vivre son existence dans l'Au-Delà.

– Il est encore très valide. Son énergie est bien supérieure à celle des jeunes fonctionnaires.

– Mais il est possible qu'Osiris ait envie de l'attendre dans son domaine.

– À quoi penses-tu ? J'ai peur de comprendre tes propos.

– S'il est préférable qu'Horemheb disparaisse, aidons-le à prendre sa retraite. Nous contrôlerons ainsi l'armée.

– Il est certain que nous n'avons aucune chance sans les effectifs égyptiens. Quand les soldats seront prêts à nous écouter et à nous obéir, nous pourrons alors nous débarrasser des membres de la famille royale.

Le Grand Prêtre d'Aton était surpris par le caractère expéditif des paroles de Panéhésy qui avait toujours été un fidèle serviteur. Cet opportunisme et cette détermination lui faisaient peur.

– D'autres fonctionnaires et d'autres prêtres ont peut-être eu les mêmes idées que toi, lui dit-il.

– Je ne le pense pas. J'ai écouté et fait écouter autour de nous. Nous sommes les plus puissants à la cour.

– Nous l'étions, en effet. Aujourd'hui, tout est différent.

– Nous sommes ceux qui avons le plus à perdre, insista Panéhésy. Qui prendrait le risque d'une rébellion contre Pharaon à moins d'y gagner le pouvoir absolu ? Nous seuls avons des chances de nous imposer à la place de Semenkharê et de Aÿ. La jeune Ankhesepaaton est inoffensive.

En entendant le nom de la reine, la compagne de Panéhésy sourit ironiquement et étendit ses bras comme un chat. Elle bâilla discrètement et plaça sa main devant ses lèvres rouges peintes avec soin. Parce qu'elle était très jeune, son maquillage lui donnait des airs de poupée. Elle aurait été plus jolie et plus charmeuse sans le large trait de khôl qui entourait ses yeux, sans le noir qui soulignait ses sourcils, sans l'ombre à paupière épaisse qui s'étirait jusqu'à ses tempes comme celle des joueuses de flûtes ou des danseuses embauchées provisoirement pour les banquets.

– Que veux-tu ? lui demanda Panéhésy en embrassant le haut de son bras.

– Je m'ennuie, maître.

– Souhaites-tu nous quitter ?

Elle se frotta contre lui et regarda son pied qu'elle fit pivoter à droite et à gauche.

– Je préfère rester auprès de mon maître.

– Eh bien, assieds-toi sur ce pliant. Tu seras plus à l'aise. Nous n'avons pas terminé.

– J'ai compris et je le regrette.

Le Grand Prêtre était consterné par l'audace de cette maîtresse qui voulait imposer sa loi à l'un des plus grands fonctionnaires de l'État. Il ne comprenait pas l'attitude servile de Panéhésy qui semblait écouter les caprices d'une jeune fille ordinaire.

– Tu t'étonnes qu'un homme puissant puisse ainsi écouter une adolescente, lui dit Panéhésy en anticipant ses réflexions.

– Je ne me permettrais pas de juger ton attitude. Tu es le maître chez toi !

– En effet. Mais je vois ta mine chiffonnée et je te connais bien !

– Revenons au sujet qui nous préoccupe, insista le Grand Prêtre en refusant de considérer les gestes provocateurs de l'adolescente.

– Quand on devient vieux, on est plus faible face à la jeunesse. Cette enfant fait-elle du mal à quelqu'un ? Elle minaude ; elle me montre ses cuisses ; elle me sert ; elle me caresse ; elle me masse. Elle me rend heureux. Je ne veux pas la blesser.

La jeune Égyptienne se leva lentement en prenant soin de montrer ses attraits aux deux hommes puis elle s'empara du récipient en argent qui se trouvait sur un plateau.

– Le vin est encore frais, dit-elle. En voulez-vous ? Mon maître sait que je lui suis fidèle. Je suis docile et aimante. Il peut me demander tout ce qu'il veut ! Absolument tout ! J'obéis immédiatement.

Le Grand Prêtre refusa le vin qu'elle voulait lui verser.

– J'ai très soif ! dit Panéhésy en tendant sa coupe.

La jeune femme se pencha en laissant une nouvelle fois deviner ses jambes et ses hanches. Son parfum embaumait. Si le Grand Prêtre n'avait été là, Panéhésy n'aurait pas hésité à passer sa main le long de ses cuisses mais le regard désapprobateur du serviteur d'Aton l'en empêcha.

– Que me reproches-tu ? De m'occuper de cette enfant ou d'interrompre notre conversation ?

– Les deux.

L'Égyptienne alla s'asseoir sur le pliant en roseau et se montra plus discrète. La Grand Prêtre n'avait toujours pas confiance en elle. Il avait beaucoup de mal à révéler ses plans. « Si elle nous trahit, nous risquons notre vie. Pourquoi prendre de tels risques pour une simple fille ? Panéhésy me cacherait-il quelque chose ? Cette femme serait-elle sa complice et en saurait-elle plus qu'il ne le dit ? »

Comme le Grand Prêtre regardait Panéhésy d'une manière suspecte, le fonctionnaire éclata de rire.

– Mange ! Mange ! Ne te fais pas prier ! Si tu buvais un peu de vin, tu serais plus gai ! Il vient de Grèce ! Il est exquis ! Il est bien meilleur que notre vin du Delta et il se conserve parfaitement !

Le Grand Prêtre refusa.

– Qu'est-ce qui te tourmente ?

– Tes plans.

– Aurais-tu des scrupules pour des hommes qui n'en ont pas ?

– La famille royale a été très bonne avec nous !

– Aujourd'hui, elle nous méprise, dit Panéhésy en

posant brutalement sa coupe sur une petite table en ébène ornée de turquoise.

L'adolescente exprima de nouveau un sourire énigmatique et moqueur. « De qui rit-elle ? se demanda le Grand Prêtre. De Panéhésy qu'elle juge ou du roi ? »

– Peut-être es-tu excessif, Panéhésy...

Le fonctionnaire se leva à son tour et arpenta la pièce. Il semblait réfléchir. Son expression était devenue sévère et sombre. Il fronçait les sourcils, avait le front plissé, se tordait les mains, les plaçait nerveusement derrière son dos. Un grand silence suivit. Panéhésy observa les jardiniers par la petite fenêtre. Il regarda le soleil. L'Égyptienne se tenait droite, les mains réunies sur ses genoux.

– Essaie seulement de demander une entrevue au roi ! dit Panéhésy en pointant l'index vers le Grand Prêtre. Il ne te recevra même pas alors qu'il rencontre les gens du peuple ! Nous sommes relégués au rang des plus médiocres Égyptiens ! Aurais-tu oublié qu'Akhenaton nous suppliait de l'écouter, qu'il nous offrait les plus beaux présents, que nous étions les souverains des temples, que tout le monde nous respectait ?

Soudain fou de rage, Panéhésy jeta à terre une amphore vide.

– Tu as la mémoire courte ! Jamais je ne pardonnerai aux nouveaux rois de nous mépriser ainsi !

– Le roi d'Égypte nous a donné notre puissance.

– Il avait besoin de nous. Nous avons augmenté son pouvoir.

– Nous l'avons servi, mais ce temps est révolu.

– Il ne tient qu'à nous qu'il ne le soit pas !

Le Grand Prêtre était abasourdi par l'audace et la colère de Panéhésy. Il trouvait le haut fonctionnaire trop audacieux. Il imagina, cependant, pendant un instant quelle serait sa vie s'ils réussissaient un coup d'éclat.

– Alors Grand Prêtre, es-tu prêt à me suivre ? Je n'hésiterai pas à prendre la place du roi pour retrouver mes anciens privilèges.

– J'ai besoin de réfléchir.

– Ne me trahis pas. Sinon, je me vengerai. Toi seul es au courant de mes intentions.

– Je ne te suivrai pas tant qu'on n'aura pas acquis avec certitude l'appui de l'armée et d'autres personnages importants !

VIII

La discussion entre les deux hommes dura plus longtemps que prévu. Chacun restait sur ses positions. Bien qu'elle se lassât de leurs tergiversations, la jeune Égyptienne ne songeait pas à partir. Tantôt elle se levait pour servir Panéhésy, tantôt elle quittait la pièce pour revenir aussitôt après. Tout en faisant mine de ne pas écouter l'entretien, elle ne perdait pas un mot de ce qui se disait.

Le Grand Prêtre en était conscient et continuait à se poser des questions. « Imaginons qu'elle soit complice de Panéhésy. Je connais cet homme malin et capable de tout. Il serait prêt à me tendre un piège pour m'évincer. Mais dans quel but ? Si elle était capable de témoigner de ma trahison devant le roi, je serais un homme mort. »

– Restons-en là ! finit-il par dire à Panéhésy. Nous reparlerons de tout cela plus tard.

– Que crains-tu ? Je t'expose un plan. Si tu y es hostile, ne nous associons pas.

– Je ne te désapprouve pas. Cependant, j'estime que nous devons nos carrières à la famille royale et... peut-être faudrait-il réclamer l'aide de rois étrangers...

– Lesquels ? Ceux du Hatti ? Je n'ai aucune confiance dans les roitelets traîtres et jaloux de l'Égypte. Quant aux alliés de notre pays, ils risquent de prévenir le pharaon en échange d'une diminution d'impôts.

– Je pense que nous sommes trop faibles face à Semenkharê.

– Ce n'est qu'un adolescent aux pieds d'Aÿ et d'Horemheb ! Il n'a aucun pouvoir face aux étrangers. Personne ne le connaît.

– Il a régné suffisamment longtemps avec Akhenaton pour avoir fait ses preuves !

– Grand Prêtre, je te sens hésitant... Demain, la cour se rendra à Thèbes. Amon redeviendra le dieu suprême et tu n'auras plus aucune raison d'exister. Tu pourras charger tes coffres sur ton bateau et quitter l'Égypte. Tu seras haï et méprisé !

– Tu as raison Panéhésy. J'ai du mal à supporter l'indifférence de Semenkharê et d'Aÿ.

– Aÿ a rendu visite aux Grands Prêtres de Karnak en leur faisant des promesses fabuleuses. Qu'espères-tu ? Incorporer le clergé d'Amon après avoir été l'ennemi du dieu thébain ? Trop de prêtres ont honoré Aton après avoir servi Amon afin d'obtenir de grandes richesses et des titres en vue. Les Grands Prêtres d'Amon ne l'oublieront jamais. Non seulement, ils vous rejetteront, mais ils essaieront d'avoir votre peau ! Tu as fait un choix. Tu as bien vécu et tu as accumulé de telles richesses que tu peux aujourd'hui vivre comme un prince. Ton règne est fini. Soit tu prends la fuite pour échapper à la vengeance des prêtres d'Amon, soit tu te mets à la retraite en espérant qu'ils t'oublient, soit tu tentes avec moi de reconquérir ta place.

Devant l'air dubitatif du Grand Prêtre, l'Égyptienne se leva.

– Cette fois-ci, je retourne dans mes appartements, dit-elle. Votre conversation n'en finit plus !

– Je t'avais promis qu'elle serait courte.

– Mais je vois bien que le Grand Prêtre ne sait que te répondre et qu'il hésite !

– Dans ce cas, il vaudrait mieux que tu réfléchisses tranquillement, proposa Panéhésy qui cédait encore aux caprices de l'Égyptienne. Je comprends que les prêtres d'Amon te fassent peur. Ils sont redoutables et cruels. Ils n'hésiteront pas à tuer tous ceux qu'ils détestent. Peut-être pas officiellement car le roi serait obligé de les punir. Ils trouveront un moyen de se venger et ils attendront le temps nécessaire ! Vivre dans la crainte n'est pas une solution.

– En réalité, nous sommes, avec Aÿ, les trois personnages les plus influents et les plus importants du règne d'Akhenaton. Aÿ a su parler aux prêtres de Karnak.

– Il n'a jamais perdu contact avec eux. Je crois qu'il a toujours détesté la religion d'Aton.

– Tandis que nous...

– Nous nous sommes impliqués. Nous sommes, aux yeux des prêtres de Karnak, des ennemis redoutables qui pouvons, un jour, reprendre le pouvoir ! Autant s'en emparer tout de suite et empêcher Amon de revenir au premier plan.

L'Égyptienne poussa un profond soupir et laissa tomber ses bras en signe d'impuissance.

– Vous êtes repartis à parler, à parler sans cesse...

– Va dans tes appartements. Je t'y rejoindrai, dit Panéhésy plus sévèrement.

– Mon maître le promet ?

– Oui.

La jeune fille traîna ses sandales en cuir jusqu'à la porte et sortit, ses lèvres affaissées par une moue. Puis elle revint sur un signe de son maître et s'agenouilla aux pieds du Grand Prêtre.

– J'oublie les convenances, dit-elle. Gloire à toi, Grand Prêtre.

Elle étendit ses bras devant elle et baissa la tête. Son front frôla le sol.

– Qu'Aton soit avec toi, répondit le Grand Prêtre dans un automatisme dont il ne parvenait plus à se défaire.

– Voilà qui te coûtera ta tête un jour si tu n'es pas prudent ! lui dit Panéhésy en le faisant frémir malgré lui.

– Je vais partir, moi aussi, dit-il. Je te donnerai ma réponse demain. Tu as raison en tout et tu as bien résumé la situation. Mais je ne suis pas sûr de vouloir encore des richesses et des honneurs. Je pourrais bien vivre ainsi et rester à la retraite. Ne serait-ce pas plus sage ?

– Donne-moi ta réponse demain. Je t'attendrai chez moi à l'heure du thé.

Comme le ciel était soudain déchiré par des coups de tonnerre, le Grand Prêtre d'Aton sursauta et appela l'aide des dieux.

– Les orages sont fréquents dans la région en cette période de l'année. Pourtant, je réagis comme toi. Je n'aime ni la foudre ni la pluie.

– C'est mauvais signe. N'est-ce pas un présage ?

– Tu peux l'interpréter ainsi.

La pièce devint, soudain, très sombre. Les arbustes qui ornaient les vérandas se courbèrent. Un buste en équilibre, pourtant très lourd, tomba à terre et se brisa en plusieurs morceaux.

– Une domestique qui l'a mal épousseté, dit Panéhésy.

– Il s'agit du buste d'Akhenaton.

– Personne ne pourra prétendre que je l'ai fait tomber volontairement, dit le maître des lieux en riant.

Deux servantes s'étaient précipitées pour ramasser les débris.

– Une œuvre de Thoutmès !

– Oui, Grand Prêtre.

Un violent bruit de tonnerre couvrit sa voix. Les serviteurs couraient dans tous les sens pour protéger de la pluie le linge et les couvertures.

– Les jardins seront enfin arrosés !

– Tu me parais bien désinvolte, répliqua le Grand Prêtre.

– Profite de ce petit air qui arrive. N'est-ce pas agréable ? Nous respirons enfin ! Depuis trois jours, la chaleur est insupportable, l'air est suffocant. Nous allons dormir et passer des soirées agréables ! Cette région est étouffante !

– Je vais appeler mon cocher pour qu'il approche la voiture.

– Je m'en occupe ! dit Panéhésy en se levant promptement.

Il claqua dans ses mains et attendit que son garde se présentât devant lui.

– Va chercher le cocher du Grand Prêtre. Il doit attendre à la grille.

Le garde confirma à son maître que celui-ci s'était approché et qu'il s'était placé devant la porte de sa demeure.

– En voyant la nuit tomber, il a jugé que le Grand Prêtre allait bientôt partir.

– Je suis toujours rentré chez moi quand les étoiles luisent, expliqua le Grand Prêtre.

– Agissons comme convenu.

– Une dernière question, insista le prêtre. Es-tu absolument sûr de ne pas regretter ton plan ?

– Non, affirma laconiquement Panéhésy. Jamais !

– Tu n'auras aucun scrupule ?

– Jamais ! Absolument jamais !

– Le souvenir d'Akhenaton ne viendra pas te hanter ?

– Va donc prier Aton et ne me tourmente plus tant

que tu n'auras pas pris de décision ! Quoi que tu fasses, j'agirai. Je veux seulement que tu me répondes franchement et vite ! Très vite !

Le Grand Prêtre d'Aton était conscient des conséquences d'un tel plan. Il savait que, Semenkharê ou Ankhesepaaton éliminés, d'autres princes tenteraient de prendre le pouvoir. Toutankhaton avait été élevé dans le harem royal. Il avait reçu les leçons des professeurs du *Kep*. Il avait été initié à la natation, à la chasse, à l'athlétisme, à la guerre. Pharaon gérait les terres des dieux et les lois. Les princes apprenaient leur travail. comme s'ils devaient, un jour, devenir rois.

Toutankhaton avait également appris, dans la Maison de vie, de la bouche même des scribes, les lois et les règles du pouvoir. Il côtoyait les pages et donnait des ordres à ces jeunes adolescents, vêtus d'un pagne blanc, qui acquéraient ensuite des titres de princes.

« Il faudrait aussi éliminer Toutankhaton pour régner sur l'Égypte car il est le fils unique d'Akhenaton », se disait le Grand Prêtre.

Le Grand Prêtre avait vu grandir le jeune Toutankhaton. Combien de fois avait-il envoyé les prêtres saluer son réveil près de son lit en ébène et en ivoire ? Dans sa chambre aux murs décorés d'oiseaux, de poissons et de roseaux, au sol recouvert de poussière de pierres précieuses, le Grand Prêtre s'était incliné mille fois devant un enfant qu'il aimait.

« Je dois tout à Akhenaton et j'ai promis de protéger ses enfants. Je veillais déjà sur lui lorsqu'il portait la mèche de l'enfance sur la partie gauche de sa tête comme tous les jeunes nobles. J'ai suivi ses études. Comment pourrais-je trahir Akhenaton et faire souffrir son fils ? »

Le Grand Prêtre était partagé entre la colère et le dépit

qu'il éprouvait contre Semenkharê et la vénération qu'il ressentait pour l'ancien pharaon qu'il craignait de trahir.

« Akhenaton se vengera, disait-il. Il me fera échouer et je perdrai la vie. Panéhésy est inconscient. Sa révolte lui ôte tout jugement ! »

Le Grand Prêtre, qui n'avait jamais eu beaucoup de scrupules, pensait aussi à exploiter la situation.

– Si je révèle à Semenkharê la trahison de Panéhésy, peut-être garderai-je un poste important à la cour.

Il passa en revue toutes les manières dont il pouvait tirer profit de cette affaire. Peureux et peu audacieux, il jugea plus prudent de ne rien faire.

– Si je trompe Semenkharê, je risque ma vie. En trahissant Panéhésy, je serai jeté aux crocodiles pour peu que cet ambitieux s'empare, un jour, du trône

Il revit les yeux de chat de l'Égyptienne qui observait chacun de ses gestes avec une attention gênante.

– Et elle, que faisait-elle là ? Pourquoi me regardait-elle à travers ses cils ? Que pense-t-elle de moi ?

Le Grand Prêtre n'avait pas, comme Panéhésy, une haute idée de lui-même. Il avait accepté les honneurs, les titres et l'argent du roi mais il n'avait rien réclamé.

– Akhenaton m'a choisi, comme beaucoup de pauvres Égyptiens qu'il a montés aux nues. Je suis devenu un haut fonctionnaire alors que j'aurais dû labourer les champs. Mes parents étaient pauvres. Le milieu dans lequel j'ai grandi n'avait rien d'enviable.

Le Grand Prêtre n'avait jamais eu beaucoup d'envergure. Aussi craignait-il le clergé d'Amon, constitué d'hommes instruits et doctes.

– Tous les Égyptiens savent d'où je viens. Akhenaton était trop fier de sortir des hommes de la fange et de les élever aux plus hautes fonctions pour ne pas le clamer partout. Les prêtres d'Amon doivent me juger incapable et peu respectable. Il est vrai que je n'y connaissais rien en matière de religion. La puissance ne me tente guère car j'ai pu observer combien les fonctionnaires se jalousaient. Pour être vizir, il faut avoir des crocs de chien et savoir mordre au bon moment !

En y réfléchissant, le Grand Prêtre se disait qu'il n'avait décidément aucun point commun avec Panéhésy, le brillant, le fier, le riche et l'ambitieux.

Dans le char qui le ramenait chez lui, près de l'autel principal d'Aton, il ne disait mot. Perplexe, incapable de prendre une décision, il marmonnait tout seul sous l'œil inquiet du cocher qui l'avait rarement vu aussi peu loquace.

– Mon maître se sent-il bien ? osa-t-il en se retournant à peine.

– Conduis-nous et laisse-moi réfléchir. Tout se passe bien. Fais claquer ton fouet au-dessus de ces chevaux pour qu'ils hâtent le pas.

– Ce véhicule a besoin d'être refait. Les roues se sont écartées et risquent de se détacher. Nous pourrions verser dans le bas-côté. La caisse est vermoulue. L'or s'en va. Voilà qui n'est pas digne d'un Grand Prêtre !

– Hélas ! Profitons de ce que nous avons encore car ton maître pourrait bien être privé, dès demain, de ses privilèges. Un char aux montants en or, un cocher, des domestiques... Un Grand Prêtre dépourvu de fonction mérite-t-il tout cela ?

– Je ne comprends pas les paroles de mon maître, dit le cocher en s'inquiétant davantage pour celui qui lui donnait des ordres.

– Toi qui as attendu devant la porte de la maison de Panéhésy, qui as-tu vu entrer ?

– Personne ! dit le cocher.

– Tu étais bien à l'entrée de la propriété ?

– Bien sûr !

– Et aucun Égyptien n'a franchi le seuil de la maison de Panéhésy ? Personne n'est entré dans le jardin ?

– Qu'il soit Égyptien ou étranger, je n'ai vu aucun homme entrer pendant que je t'attendais.

– Connais-tu la jeune Égyptienne que fréquente Panéhésy ?

– Hélas, maître. Je ne rencontre que des hommes et des femmes de ma condition. Pourquoi serais-je informé des connaissances d'un si haut fonctionnaire ?

– Tu as raison.

Le Grand Prêtre n'était pas dupe des sentiments que Toutankhaton ressentait pour la reine Ankhesepaaton. « Si nous l'atteignons, il se vengera. Nous devons donc le supprimer si nous voulons diriger l'Égypte. »

Il revoyait les deux jeunes gens dans le parc royal, au bord du Nil, écoutant des poèmes d'amour. « Toutankhaton est toujours amoureux comme le vin se mêle à l'eau et le parfum pénètre la peau. Même si la voix de la reine n'a jamais osé répondre à cet amour, leurs cœurs se sont unis comme s'ils avaient bu du vin enivrant. Toutankhaton ne supportera jamais que l'on porte atteinte à Ankhesepaaton. »

Pourtant calculateur et arriviste, le Grand Prêtre paraissait bouleversé par le mal que Panéhésy pouvait faire autour de lui. Il descendit de son char courbé comme un vieillard. Le cocher se précipita pour l'aider.

– Allons ! Laisse-moi, dit-il en se dégageant. Je peux marcher seul ! Me prendrais-tu pour un homme au seuil de la porte d'Osiris ?

Étonné lui-même d'avoir prononcé ce nom haï d'Akhenaton, il avança lentement vers la porte de sa demeure ornée avec goût. Les montants dorés, le jardin arboré, les variétés rares d'arbres qui décoraient le parc, les animaux qui déambulaient dans les allées, la beauté de l'architecture et des statues témoignaient de la réussite extraordinaire du Grand Prêtre. Des dizaines de domestiques se précipitèrent vers lui.

– Que m'arrive-t-il ? murmura-t-il. Je cite le nom d'Osiris alors que j'avais oublié jusqu'à son existence !

Une servante lui apporta un bouquet de fleurs.

– Qui me fait ce don ? s'étonna le Grand Prêtre.

– Le messager n'a pas voulu nous révéler son nom.

– Dans ce cas, je préfère les refuser.

– Elles sont si belles, maître ! dit la servante en les regardant avec tendresse.

Elle caressa les boutons de bout des doigts avec une grande délicatesse.

– Ces couleurs sont magnifiques. Je n'avais jamais vu de telles variétés...

– Que dis-tu ?

Le Grand Prêtre regarda le bouquet avec plus d'attention.

– Tu as raison. Ces fleurs ne viennent pas de n'importe quel jardin. Qui est assez riche pour s'offrir de telles fleurs ? Il faudrait envoyer des expéditions dans des pays lointains pour en rapporter de tels trésors et les expéditions coûtent très cher !

Comme aucune autre indication ne figurait dans cette composition imposante et odorante, le Grand Prêtre dit à sa servante qu'elle pouvait la garder.

– Je n'oserais jamais ! Un cadeau fait au Grand Prêtre ! J'habite dans une toute petite pièce ! Ce bouquet ne sera pas mis en valeur. En revanche, si tu me laisses l'arranger à ma guise, il décorera merveilleusement l'entrée de ta maison.

– Il t'appartient, ajouta le Grand Prêtre en souriant devant l'air radieux de la jeune fille. Fais-en ce que tu voudras !

Mais en emportant le bouquet dans un geste vif, la servante fit tomber un petit morceau de papyrus glissé entre deux lis. Elle le ramassa et se présenta de nouveau devant son maître qui montait déjà les degrés précédant la porte de sa demeure.

– J'ai trouvé ceci, maître...

Le Grand Prêtre saisit le message en maugréant.

– Qu'est-ce que ce jeu de devinette ?

Il reconnut aussitôt le cachet royal et pâlit.

– Que dissimule ce don ?

Il entra précpitamment chez lui et réclama à son scribe de venir aussitôt dans son bureau.

– Fais sauter ce cachet. Je veux savoir ce qu'il en est !

Le scribe saisit le morceau de papyrus roulé et tenta de faire fondre le cachet.

– Voilà, maître. Attention de ne pas te brûler.

Le Grand Prêtre négligea ses conseils et déroula rapidement le message.

– Il vient de la Grande Épouse royale Ankhesepaaton et du roi Semenkharê ! Je ne peux y croire ! Eux qui m'ont dédaigné pendant si longtemps ! Comment est-ce possible ?

Le Grand Prêtre, qui avait déjà l'esprit tourmenté, se laissa tomber sur un siège.

– Je suis sceptique. Que signifie ce cadeau ?

– Maître, regarde ce qu'il y a d'écrit.

– En effet. La Grande Épouse en personne m'invite à passer une soirée au palais. Elle est courtoise et s'excuse de m'avoir négligé. Elle veut me parler. Que cache tout ceci ?

– Mon maître a beaucoup de chance ! dit le scribe. Quel honneur de participer aux banquets du roi ! Il n'invite que les plus grands conseillers. Tu es l'un des personnages les plus influents de l'État !

– Peut-être vais-je le redevenir. Cette soirée peut changer bien des choses... Je préfère aller me reposer. J'avoue être perdu. Cette journée a été très éprouvante pour moi !

IX

Le Grand Prêtre se réveilla, encore abasourdi par le cadeau de la reine. Ses pensées étaient, cependant, plus claires. Il ne voulait pas se laisser convaincre par des dons sans importance.

– Le roi a sans doute eu vent des mécontentements des prêtres d'Aton et il tente de trouver une solution pour ne pas avoir contre lui le clergé d'Aton comme Akhenaton a eu celui d'Amon. Je serais trop stupide de croire qu'il agit ainsi pour m'être agréable. Sous ce geste se cache une intention et un objectif que je ne vais pas tarder à découvrir !

Il se leva sans hâte et s'assit, pensif sur le bord de son lit. Depuis qu'il n'était plus contraint d'honorer Aton chaque matin par maints rites qui duraient jusqu'au milieu de l'après-midi, le Grand Prêtre semblait désœuvré.

– À moi la joie de profiter d'un massage et d'une toilette approfondie !

Les servantes s'activèrent autour de lui avec des récipients remplis d'eau.

– Que penserait Panéhésy du cadeau de la reine ? Il me dirait probablement de me méfier. Je n'ai pas besoin de ses conseils pour comprendre les intentions du roi.

Je vais donc me rendre au banquet et je serai courtois. Ce sera pour moi l'occasion d'observer ce qui se trame.

Après s'être longuement laissé masser, le Grand Prêtre fit venir son scribe.

– Bien ! Tu vas porter toi-même ce message à Panéhésy.

Comme le scribe s'apprêtait à protester, le Grand Prêtre anticipa ses remarques.

– Je sais que ton rôle n'est pas de porter des messages mais celui-ci est confidentiel et urgent. Il me faut un homme de confiance.

Le scribe, flatté, accepta de rencontrer Panéhésy.

– Tu lui diras que je ne peux lui parler aujourd'hui. Je le verrai demain à coup sûr. Qu'il patiente car il ne sera pas déçu. Il en apprendra beaucoup s'il est patient. Si Panéhésy se met en colère, calme-le et assure-le que je ne pouvais faire autrement. Dis-lui aussi que je suis plus lucide et que je lui donnerai des réponses très précises demain. Quand il saura pourquoi j'ai repoussé notre rendez-vous, il m'approuvera.

– Je dois attendre sa réponse ?

– Oui. Je veux la confirmation qu'il m'attendra demain chez lui à l'heure du thé.

– Bien, maître.

Le soir même, le Grand Prêtre se rendit au palais sans grande conviction. Il accepta les hommages de la reine qui lui parut gaie et aimable. Le roi le fit asseoir près de lui et se soucia de lui pendant tout le festin. Se laissant servir, écoutant plus qu'il ne parlait, le Grand Prêtre n'hésita pas, cependant, à dire ce qu'il ressentait.

– Je m'étonne, confia-t-il à la reine, que Sa Majesté m'accorde tant d'importance après m'avoir délaissé.

– Allons, prêtre, lui rétorqua Ankhesepaaton, toi et tes collègues avez joué un rôle important pendant l'enterrement d'Akhenaton.

– Depuis cet enterrement, nous ne sommes pas revenus à la cour.

– Ne t'est-il jamais venu à l'esprit, Grand Prêtre, qu'il est parfois préférable d'éloigner certains hommes du pouvoir pour plaire ou rassurer le peuple ? N'y vois aucune attaque personnelle. Nous apprécions, le roi et moi, tes services mais les Égyptiens rejettent actuellement tout ce qui leur rappelle Aton. Qu'y pouvons-nous ?

Le Grand Prêtre écouta le couple royal et rentra chez lui d'autant plus convaincu qu'il devait rejoindre Panéhésy.

– Se moquent-ils de moi ? Je serais bien sot de me laisser attendrir par des fleurs et un peu de vin. Cette attitude, pour le moins suspecte, me conforte dans l'idée que nous devons agir avant d'être totalement exclus.

Blessé dans son amour propre, le Grand Prêtre avait hâte de parler à Panéhésy.

– Si je ne craignais de le réveiller à cette heure tardive, j'irais lui dire immédiatement ce que je pense de Semenkharê.

Après avoir pesé une dernière fois le pour et le contre, le Grand Prêtre d'Aton se rendit, le lendemain matin, chez « l'ami intime » du roi pour lui dire qu'il avait réfléchi et qu'il était d'accord avec son plan.

Panéhésy l'attendait dans le patio en buvant de la bière. Le chambellan royal était sûr de la décision que prendrait le Grand Prêtre car il connaissait sa peur de l'avenir.

La maison de Panéhésy était l'une des plus luxueuses d'Akhetaton. Entourée d'un parc entretenu par les jardiniers du palais et agrémentée d'une petite pièce d'eau, la propriéré, construite non loin du Nil, avait une bibliothèque, une pièce consacrée à la lecture, deux immenses salles de réception, une salle d'audience, de nombreuses chambres et salons donnant sur des cours intérieures ornées de jets d'eau et de bassins. Les murs étaient peints de scènes aquatiques et bucoliques comme ceux du palais royal, de scènes de pêche et de chasse représentant parfois le pharaon en compagnie de Panéhésy. D'autres tableaux montraient le haut fonctionnaire en train de recevoir, comme le Grand Prêtre d'Aton, des colliers en or de la fenêtre d'apparition du palais. Toutes ces représentations se retrouveraient sur les parois des tombes.

Le prêtre d'Aton fut attiré par la belle figure de Néfertiti qui souriait en voyant la joie de Panéhésy plaçant l'un des colliers autour de son cou et se prosternant devant le roi.

Deux serviteurs, presque nus, vêtus d'un pagne en lin, le conduisirent auprès de leur maître.

– Je t'attendais, dit Panahésy en proposant aussitôt de la bière à son ami. Je savais que tu viendrais. Je connais aussi ta réponse. Tu avais des scrupules. C'était tout à ton honneur. J'en ai également. Mais nous avons tort de nous poser des questions. Le temps où Akhenaton nous offrait des colliers est révolu. Te souviens-tu de la manière dont il nous gâtait ? Il nous faisait appeler à toute heure de la nuit pour le conseiller, le réconforter ou l'assister. Il nous confiait des secrets qu'il n'osait même pas répéter à Néfertiti. Il nous comblait de récompenses devant une foule avide et envieuse. Nos familles étaient remarquablement traitées. Si nous désirions un domaine, il nous le donnait aussitôt. Si nous avions besoin de domestiques, il se précipitait pour transmettre ses ordres à ses scribes et nous avions aussitôt vingt serviteurs de plus à notre service. Si nous souhaitions des jardiniers, des archivistes, des masseurs, des coiffeuses, des habilleuses, il choisissait les meilleurs et nous les envoyait. Notre vaisselle, nos bijoux, nos perruques, les objets qui décorent nos maisons sont les plus beaux. Certains ont été achetés très cher sur les marchés.

– Inutile de me rappeler tout cela.

– Ne me fais pas languir, Méni. Dis-moi ce que tu as sur le cœur.

– Tu es trop sûr de toi, lui répondit le prêtre.

– Me serais-je trompé ? demanda Panéhésy en le regardant dans les yeux. Tu me refuserais ton aide ?

Le Grand Prêtre sourit mystérieusement.

– Pourquoi n'es-tu pas venu hier ?

– Je croyais que tu étais au courant de tout... Un espion ne t'a pas informé ?

– Ne te moque pas de moi. Pourquoi aurais-je besoin d'un espion pour observer ta maison ?

– Crois-tu que j'ai passé la soirée chez moi ?

– Où aurais-tu pu être ? Tout le monde sait que tu n'aimes guère t'aventurer lorsque le soleil est couché. Tu vis au rythme d'Aton. Quoi de plus normal pour un prêtre du Soleil ?

– J'ai pris, en effet, cette habitude sauf quand le roi donnait des banquets et que nous étions tenus d'y assister...

– Ce temps est bien révolu ! dit Panéhésy en jetant une serviette avec laquelle il s'était essuyé les épaules dans un panier de linge sale. Des banquets ! Y en a-t-il seulement au palais ?

– Je peux t'assurer qu'ils sont remarquables !

– Je n'y ai jamais été invité... Tu ne m'as toujours pas dit pour quelle raison tu n'es pas venu hier. Cesse d'éviter le sujet et reconnais que tu ne savais quelle réponse me donner.

– Telle n'était pas la raison de mon absence.

– Explique-toi... Tu es si mystérieux que je redoute le pire.

– Je n'étais pas chez moi.

– Aurais-tu une maîtresse ?

Panéhésy éclata de rire et leva les bras pour se faire parfumer.

– J'étais invité, répondit le Grand Prêtre.

– Invité ? Par une femme ?

– Par le roi et la reine.

Panéhésy faillit laisser tomber la coupe qu'il tenait dans sa main.

– Semenkharê souhaitait te parler ?

– Non. Il voulait juste m'inviter à l'un de ses festins.

– Et tu as répondu favorablement à cette invitation ?

– Évidemment ! Que pouvais-je faire d'autre sinon simuler une maladie ? Mais la curiosité m'a poussé à m'y rendre et je n'aurais pas été étonné de t'y trouver.

– Veux-tu dire que le couple royal tente de se rapprocher de nous ?

– Je crois que Aÿ est malin et qu'il a compris le danger. Il cherche à nous réconcilier avec le roi.

– Tu es tombé sous le charme de la reine et tu refuseras de me rejoindre.

– L'attitude du couple royal m'a incité à me méfier, répondit le Grand Prêtre. En sortant du banquet, j'avais envie de venir te rejoindre et de prendre le pouvoir. Mépriser ceux qu'on a été chercher et leur laisser croire qu'ils sont toujours indispensables est lâche et cruel.

– Ainsi donc, le couple royal ne t'a pas convaincu ? La reine ne t'a pas charmé ?

– Non. À aucun moment, je n'ai senti de sincérité dans leur voix.

– Me voilà à demi soulagé. Cette invitation prouve, cependant, que nous devons nous méfier. Tu vas donc me soutenir ?

– Je vais être franc. En arrivant ici et en entendant ton discours, j'ai également eu envie de sortir sans me retourner. Tu manipules ceux qui t'entourent comme le font le roi et la reine.

Panéhésy sourit et se leva pour manger un fruit. Il en tendit un à Méni.

– Allons ! Soyons amis et travaillons ensemble !

Le Grand Prêtre accepta l'hospitalité de Panéhésy et se félicita d'avoir rabattu la superbe du fonctionnaire.

– Je ne te suivrai qu'à une condition, lui dit-il. Je refuse de nuire à Toutankhaton.

– Tu aimes cet enfant.

– J'ai surtout promis à son père de le protéger. J'avoue que je ressens pour lui beaucoup d'affection. Je l'ai connu enfant. J'ai suivi son apprentissage. Il a fait beaucoup de progrès. J'avoue que je ressens de la tendresse pour lui.

Panéhésy but une nouvelle coupe de bière. Méni commençait à l'impressionner.

– Je ne peux, hélas, rien promettre. J'ignore comment tourneront les événements. J'avoue qu'il me paraît difficile d'épargner Toutankhaton. Aujourd'hui, nous sommes à peu près sûrs qu'il est le fils d'Akhenaton et de Kiya. Il n'acceptera jamais d'abandonner le pouvoir à des fonctionnaires. Ce sera pour nous une menace permanente. Un jour, lui ou ses enfants voudront remonter sur le trône. Ils revendiqueront leurs droits. Imagines-tu un seul instant que le prince héritier deviendrait notre serviteur ? Il préférerait mourir plutôt que de souffrir pareil affront.

– Que proposes-tu ?

– Chassons Semenkharê et Ankhesepaaton. Débarrassons-nous d'Horemheb et d'Aÿ. Mettons l'armée de notre côté. Nous verrons ensuite comment agir envers les autres membres de la famille royale.

– Tu ne me dis pas tout.

– En effet. J'ai déjà envoyé des messages en Asie.

Nous pouvons y trouver des alliés. Le pouvoir de Semenkharê est très fragile.

Méni insista une nouvelle fois.

– Je veux avoir ta promesse : Toutankhaton ne souffrira jamais de nos actes.

Panéhésy se leva et donna à Méni des réponses trop vagues pour le satisfaire.

– Dans ce cas, je m'en vais, dit-il.

– Je te le promets. Il n'arrivera rien au fils d'Akhenaton.

Pendant plusieurs jours, les deux hommes tentèrent de réunir le maximum de complices. Ils envoyèrent, dans le plus grand secret, des messagers en Asie, en Nubie et en Libye. Alors que leur plan commençait à prendre forme, une nouvelle inattendue frappa les Égyptiens.

X

Après seulement quelques mois de règne, le jeune Semenkharê fut retrouvé mort. Un matin, les domestiques alertèrent Aÿ. Le roi était inerte dans son lit. Croyant à un attentat, Aÿ se précipita dans la chambre royale et ordonna à la police de le rejoindre.

– Vite ! Il faut enquêter au plus tôt !

Ankhesepaaton courut, elle aussi, dans la chambre de son époux.

– Il était souffrant hier, dit-elle à son grand père.

Celui-ci lui saisit le bras et lui demanda des explications.

– Par les dieux tout-puissants, jure-moi que tu n'y es pour rien !

– Père Aÿ adoré, comment peux-tu penser un seul instant que j'attenterais à la vie du roi ?

– Ces derniers mois, tu fréquentes plus souvent Toutankhaton que ton mari !

– Parce que Semenkharê avait des obligations qui ne lui laissaient guère de temps de libre.

– Admettons, par Amon. Tu es devenue expérimentée. Tu aurais pu embaucher des empoisonneuses...

– Je te le dirai, divin Aÿ. Je ne te cache rien. Tu le sais bien.

Aÿ savait deviner sa petite-fille. À son regard et à son

expression, il sut qu'elle n'était pas responsable de la mort de Semenkharê.

– Si ce n'est pas toi, je soupçonne les proches du roi d'avoir commis un attentat et d'avoir tendu un piège à Semenkharê. Je connais leur nom.

– Que dis-tu ? ?

– Policiers ! dit Aÿ en se retournant vers le chef des *medjoi* qui venait d'arriver. Courez chez le Grand Prêtre d'Aton qui habite tout près du temple et faites-le venir ici de force !

Le chef de la police se prosterna devant Aÿ.

– Il ne m'obéira pas, répondit-il.

– Dis-lui que je t'envoie.

Sceptique, l'Égyptien prit deux hommes à lui et partit pour le grand temple d'Aton où devait se trouver le prêtre.

– J'espère me tromper, dit Aÿ. Des rumeurs récentes m'incitent, pourtant, à penser que je dois agir vite !

En sortant du palais, le chef de la police s'arrêta.

– Que se passe-t-il ? lui dirent ses hommes.

– Vous allez m'attendre à l'entrée du temple d'Aton.

– Nous t'accompagnons pas sécurité comme l'a exigé le père Aÿ.

– Non ! Je suis votre chef. Vous devez m'obéir. Nous allons nous rendre ensemble au temple mais vous patienterez à l'entrée jusqu'à ce que je vous appelle. Je ne risque rien.

Les policiers n'osèrent insister. Ils se postèrent devant le temple d'Aton et patientèrent tandis que leur supérieur allait à la rencontre du Grand Prêtre

Le chef de la police s'impatientait en passant d'une cour à une autre.

– Où se trouve donc Méni ? demanda avec insistance le policier en ne rencontrant que des prêtres purs à la tête rasée.

Aucun d'eux ne le savait. Ils étaient en train d'accomplir un rite de purification.

– Nous ne l'avons pas vu aujourd'hui.

– Mais je croyais qu'il venait là chaque jour !

– En effet. Il doit être en retard. Vois-tu, le temple est immense. Peut-être est-il entré d'un autre côté. Interroge d'autres prêtres.

– Je ne vais pas faire le tour du temple ! Je vais aller chez lui.

– Inutile ! reprit un prêtre. Attends-le plutôt ici !

« Il se trouve peut-être en compagnie de Panéhésy », se dit le policier en rebroussant chemin malgré les conseils des prêtres.

– Je ne peux me rendre chez Panéhésy. Mes hommes se demanderaient pourquoi et risqueraient de faire un rapport à Aÿ. Après tout, Méni et Panéhésy se connaissent depuis longtemps...

Le policier interrogea un autre groupe de prêtres.

– Où se trouve le Grand Prêtre Nepnefer ? leur demanda-t-il.

Mais personne n'en savait rien.

– J'ai l'impression que l'on se moque de moi ! Aucun Grand Prêtre n'est présent dans ce temple !

– Qui dirige vos rituels aujourd'hui ? demanda-t-il avec plus d'autorité.

– Nous n'avons pas besoin d'ordres. Nous accomplissons ces rites chaque jour, au même moment !

– Le roi serait sans doute déçu. Ne savez-vous pas que nous devons désormais honorer tous les dieux ?

– Le roi a beaucoup insisté pour qu'on n'oublie aucun dieu ! Aton doit donc être honoré de nouveau.

Le cortège laissa le policier qui marcha à grandes enjambées vers son cheval.

– Où cours-tu ? l'appela Méni.

– Je te cherchais !

– Que viens-tu faire ici ?

– Les affaires tournent mal.

– Que se passe-t-il ? Je dois accompagner ces prêtres purs. Ne peux-tu patienter quelques instants ?

– Certainement pas, Grand Prêtre. Tu vas finir quand la course du soleil sera bien avancée et je suis très pressé.

– Vas-tu enfin me dire ce qui se passe ?

Méni fit signe aux autres prêtres de continuer leur travail et ne pas l'attendre.

– Ne compte plus sur mon aide.

– Que veux-tu dire ? Tu as accepté d'être notre complice. Tu paraissais enjoué et déterminé.

– Je ne veux plus travailler pour Panéhésy.

– Il ne s'agit pas d'un travail. Tu seras grandement récompensé si tu acceptes de nous suivre.

– Aÿ a des doutes. Il a compris que tu complotais contre le roi et que tu avais organisé son assassinat. Ce n'est pas ce qui était prévu. Je suis chargé d'enquêter et de te surveiller.

– Que dis-tu ? De qui parles-tu ? Es-tu devenu fou ?

Le Grand Prêtre entraîna le chef de la police à l'écart.

– On nous entend ici. Parle plus doucement. Calme-toi. Tu manques de discrétion. Explique-toi clairement.

– C'est à moi d'attendre des explications ! Tu n'avais pas évoqué le meurtre de Semenkharê !

– Veux-tu dire que le roi est mort ?

– Te moquerais-tu de moi ?

– Je te supplie de me croire. Je ne suis au courant de rien.

Méni caressait nerveusement le haut de sa tunique en peau de panthère. Il passa sa main sur son crâne chauve couleur bronze. Le policier n'était pas convaincu.

– Me prends-tu pour un âne stupide ? Tu sais mieux que quiconque que le roi a été tué !

– Je ne sais rien. Tu m'apprends tout. Panéhésy aurait-il agi à notre insu ? Je n'aime guère la tournure que prennent les événements.

– Moi non plus. Que proposes-tu ? Mes hommes attendent dehors !

– Tu me prends au dépourvu. Que font tes hommes à l'extérieur ?

– Aÿ leur avait ordonné de m'accompagner et de te ramener au palais. Je leur ai demandé d'attendre dehors. Ils étaient réticents et je crains qu'ils n'en parlent à Aÿ qui s'interrogera. Que pourrais-je avoir à te dire en privé avant que tu ne rencontres Aÿ ?

– Dois-je venir avec toi ?

– Tu n'as guère le choix !

– Tu peux toujours dire que tu ne m'as pas trouvé. Nous nous sommes presque croisés.

– Avec des témoins comme eux (le policier désigna du menton les prêtres qui officiaient), je ne prendrai jamais ce risque !

– Tu n'as pas confiance dans les personnes qui représentent la religion et les dieux ?

– Certainement pas !

– C'est un sacrilège !

– De la lucidité.

– Prends garde qu'ils ne t'entendent.

– Ils ne m'aiment pas. Je l'ai vu dès que j'ai passé ce pylône. Je représente tout ce qu'ils détestent : le roi, la remise en place des pouvoirs d'Amon.

– Tu exagères.

– Nous avons procédé récemment à une vingtaine d'arrestations. Ceux qui adoraient le dieu Aton se retrouvent dans les geôles d'Akhetaton.

– Tu n'y es pour rien.

– Mais je fais respecter l'ordre et ces prêtres le savent. Ils me craignent et me haïssent.

– Le roi fait arrêter ceux qui ne respectent pas les dieux mais il menace aussi ceux qui détériorent les images d'Aton.

– Les prêtres d'Aton ont tôt fait de l'oublier. Ils se souviennent, en revanche, des adeptes du dieu solaire qui ont été enfermés la semaine dernière. Quand ils m'ont vu arriver, ils croyaient, sans doute, que je continuais à procéder aux arrestations. Ils n'osent même pas m'adresser la parole. S'ils peuvent se venger du mal qu'on leur fait, ils n'hésiteront pas !

– Ils nous voient ensemble...

– Crois-tu que cela adoucira leurs pensées ?

– La peur te fait dire n'importe quoi.

Le policier avait hâte de quitter le temple.

– Tu redoutes surtout d'être vu en ma compagnie au cas où j'aurais accompli un acte irréparable.

– J'avoue que les propos d'Aÿ m'ont effrayé.

– Je ne sais que te dire pour te rassurer. Avant tout, il faut te démontrer que je ne suis pour rien dans la mort du pharaon. Est-il seulement mort ? Tu es parti précipitamment du palais. Tu n'as rien vu de tes yeux. Peut-être s'agit-il d'un piège ?

– C'est cela ! On cherche à prouver notre complicité dans cette affaire douteuse...

Comme un nouveau cortège de prêtres passait près d'eux, le policier les regarda d'un air soupçonneux qui fit sourire Méni.

– Si la situation n'était pas aussi préoccupante, elle serait comique, dit-il. Un policier ne montre ni sa peur ni sa détresse ! Il doit protéger les citoyens et le roi !

Méni le poussa vers la sortie.

– Tu connais ma curiosité. Je ne peux ainsi rester dans l'incertitude. Je vais donc aller aux nouvelles et me faire une idée de ce qui se passe réellement dans cette ville ! Ensuite, j'aviserai.

Des prêtres chantaient un hymne à Aton en couvrant la voix faible du policier. Ils balançaient leur encensoir et enfumaient toute la cour. La chaleur accroissait l'odeur forte d'encens. La fumée qui s'échappait des encensoirs formait des nuées épaisses et des dessins harmonieux avant de se dissiper vers les chapiteaux.

– Ils vont honorer le disque solaire, dit Méni. Ils m'attendent. Je vais donner des ordres pour qu'ils continuent sans moi.

– Je pars. Ils semblent manifestement désapprouver ma présence.

– Les étrangers ne sont pas les bienvenus pendant les rites. Si tu avais apporté quelque offrande, il en serait autrement. La prochaine fois, songe à ne pas venir les mains vides...

– Je devais me rendre chez toi, non dans ce temple !

– Viens par ici ! Fais signe à tes hommes que tu arrives.

Le policier les distingua à peine.

– Ils n'ont pas bougé.

– Ils vont s'endormir sur leur lance !

– Que vas-tu faire concrètement ?

– Je vais envoyer un message à Panéhésy pour lui faire part de mon mécontentement. Es-tu sûr de ce que tu avances ? Le roi est-il bien mort ? Tu ne l'as pas vu toi-même étendu... Je redoute un piège.

– J'avoue ne rien avoir vu, grand-prêtre. Aÿ me l'a affirmé. Je ne fais que te rapporter ses paroles. Il était extrêmement clair et affirmatif. Il ne semblait pas jouer la comédie. Son entourage paraissait bouleversé.

Méni réfléchissait en se grattant le menton. Il connaissait parfaitement le malin Aÿ.

– Notre ancien confrère est capable du meilleur comme du pire. Il est surtout très habile. Je me méfie beaucoup plus de lui que du jeune roi.

– Sa voix tremblait...

– De colère ou de peine ?

– Il était furieux ! S'il l'avait pu, je crois qu'il serait venu lui-même ici pour te rencontrer et de faire arrêter !

Méni ne fut pas impressionné par une telle reflexion.

– As-tu parlé à quelqu'un d'autre ?

– Non.

– As-tu été suivi par des gardes de Aÿ ?

– Je ne le pense pas.

– Il faut s'assurer avant tout du décès du roi.

Le Grand Prêtre s'approcha d'une chapelle et appela l'un des prêtres chargé du rite d'Aton. Celui-ci regarda, lui aussi, le policier avec froideur et répondit sans conviction à la demande de son supérieur. Il n'aimait manifestement pas être interrompu pendant le cérémonial et vénérait toujours Aton avec autant de ferveur.

– Fais venir le scribe ! Tu vas l'envoyer au palais pour qu'il me donne des informations sur la santé du roi. Qu'il revienne immédiatement ! Je l'attends ici même !

– Ne devrais-tu pas y aller toi-même ? suggéra le policier à Méni.

– Après ce que tu viens de m'apprendre, je risquerais d'entrer en conflit avec Aÿ et je préfère l'éviter. Tu vas, cependant, dire à Aÿ que j'apprends de ta bouche la triste nouvelle. Je te ferai savoir si Panéhésy a un lien quelconque avec la disparition du roi. Dans ce cas-là, nous aviserons !

XI

Comme le chef de la police hésitait à partir, le Grand Prêtre lui expliqua qu'ils ne pouvaient rien faire d'autre en attendant.

– Et mes hommes ?

– Prends-les avec toi !

– Ils ont reçu l'ordre de surveiller ce temple et ta maison. Ils devaient même te conduire, de gré ou de force, devant Aÿ. Je ne sais comment je vais leur expliquer...

– Dis-leur que tu ne m'as pas trouvé.

– Impossible ! Ils t'ont probablement vu et, comme je te le disais sans détour, je suis sûr qu'ils le sauront très vite par les prêtres ici présents. Si je me rends au palais, tu devras rester ici avec eux.

– Tu peux les laisser. Je m'en accommoderai à condition qu'ils restent à l'extérieur et qu'ils aient une attitude décente.

Le Grand Prêtre réclama son char et donna ses ordres au cocher pour qu'il ramenât son scribe dès que possible.

– Laisse-moi partir devant, suggéra encore le chef de la police, sinon mes hommes oseront, sans doute, rattraper ton scribe et l'empoigner de force.

– Mais il n'est pas soupçonné de meurtre !

– Ne prenons aucun risque. Je préfère les prévenir qu'il sortira de ce temple pour aller auprès d'Aÿ.

Dès qu'il eut la confirmation de la mort du roi, Méni se rendit lui-même chez Panéhésy. Les policiers le suivirent.

– Que fais-tu ici ? lui demanda le fonctionnaire, qui savait combien Méni tenait à assister aux rites matinaux.

– Le roi a rejoint l'Au-Delà, dit-il.

– Cesse de te moquer de moi. Je me lève à peine. Ne pourrions-nous parler tranquillement dans le patio ?

– Je ne plaisante pas. J'affirme que Semenkharê vient de quitter cette terre et qu'Aÿ cherche les coupables. Il me prend pour l'assassin du roi !

– Tu penses donc, Méni, que j'ai agi à ton insu ? lui demanda Panéhésy. J'aurais fait tuer le roi ? En réalité, cette nouvelle ne m'arrange guère. Nous ne sommes pas prêts. J'attendais une réponse du roi du Hatti.

– Du Hatti ? Qu'espères-tu de ces traîtres ? Ils n'ont jamais respecté un contrat.

– Laisse-moi faire. Je suis très inquiet. Qui va succéder à Semenkharê ? Que va devenir la reine Ankhesepaaton ?

– Nos nouveaux adversaires n'ont certainement pas encore été désignés. Mais je suis étonné que cette nouvelle n'entrave pas tes plans. Tu ne renonceras pas pour autant ?

– Certainement pas !

– Ta froideur me laisse penser que tu n'es vraiment pas étranger à cette catastrophe.

– Je n'aimais pas Semenkharê. Pourquoi devrais-je le pleurer ? Je le respectais parce qu'il était le pharaon.

– Tout est clair, Panéhésy. Seul Toutankhaton peut succéder à Semenkharê.

Le visage de Panéhésy s'épanouit.

– Dans ce cas, notre tâche sera encore plus facile. Ce n'est qu'un enfant tout juste capable de répéter ses hiéroglyphes devant son maître de littérature. Nous devons, avant tout, régler un autre problème.

– Je t'écoute.

– Aÿ a des soupçons. Il prétend que des Égyptiens lui ont révélé la préparation d'un complot contre le roi. Comme celui-ci serait mort assassiné, il va falloir trouver les coupables. Si notre plan arrive aux oreilles d'Aÿ, nous sommes morts !

– Qui a pu parler ou nous trahir ?

– Tes complices, un messager, ceux à qui tu as écrit... Je préférerais que nous attendions, pour agir, la fin de l'enquête. Si tu dis vrai et si tu n'es pas responsable de la mort de Semenkharê, le chef de la police trouvera les coupables. Soyons prudents. Nous pourrons, ensuite, agir facilement. Montre ton dévouement à Aÿ et à Horemheb. Flatte la reine. Elle est sensible à la moindre marque de dévouement.

– Je ferai des efforts.

– Pense à sauver ta vie, Panéhésy. Aÿ est intraitable avec les traîtres. Il te fera exécuter sur-le-champ s'il connaît nos projets. Trop de complices sont maintenant au courant. En apprenant la mort du roi, leurs langues risquent de se délier surtout si Aÿ promet une belle récompense aux serviteurs zélés.

Panéhésy eut un moment d'arrêt.

– Que se passe-t-il ? lui demanda Méni. Tu n'es pas d'accord avec moi ?

– Je me demande surtout qui a pu attenter à la vie du roi. D'autres complots étaient donc en germe avant même que nous pensions prendre le pouvoir ! Qui avait autant intérêt que nous à supprimer Semenkharê ?

– Allons au palais, Panéhésy. Montrons-nous. Je n'aime guère ne pas savoir ce qui se passe...

– Nous ne pouvons, cependant, y aller ensemble.

– Pourquoi pas ?

Panéhésy se prépara en silence. Quand il revint auprès du Grand Prêtre, il le regarda avec suspicion.

– Tu n'aurais pas agi derrière mon dos ?

– Allons au palais, se contenta de répondre son complice.

Mais Panéhésy le prit par le bras.

– Pourquoi serais-je plus suspect que toi ?

– Je suis un Grand Prêtre. Je n'ai jamais échafaudé le moindre plan. Tu es venu me trouver et j'ai finalement accepté de te suivre. Tu es beaucoup plus impliqué que moi dans cette affaire. Tu hais presque Semenkharê que j'essaie de défendre. Je veux protéger Toutankhaton que tu considères d'ores et déjà comme un ennemi. La reine a toute mon admiration. Elle est courageuse et douce.

– Veux-tu laisser croire que tu n'aurais rien entrepris seul ?

– C'est une certitude, Panéhésy !

– Je te parais donc plus engagé...

– Et plus cruel. Tu as rayé de ton souvenir tous les bienfaits que nous devons aux rois. Tu es aigri et furieux. Tu ne songes qu'à la vengeance !

– Je le reconnais. Je n'en suis pas moins innocent.

– Pour le moment !

– Le roi mort... ne cessait de répéter Panéhésy en traversant l'une des grandes cours de sa demeure d'un bon pas. Comment est-ce possible. Le roi assassiné ! Mais qui a agi à notre place ? Que signifie tout ceci ? Quelqu'un aurait-il eu vent de nos plans et tenterait-il maintenant de nous faire accuser ?

– Tu n'as jamais pris de précaution. Je t'avais dit...

– Oui... De ne pas parler devant ces jeunes filles qui ne comprennent pas souvent notre langue ! Oublie cela.

Le coup vient d'ailleurs. Mais de qui et d'où ? L'idée que des policiers du roi peuvent se présenter à mon domicile et m'emmener comme un vulgaire assassin m'est intolérable !

– Je préfère, moi aussi, prendre les devants et me montrer au palais.

– Nous n'avons rien à cacher.

– Puisque tu l'affirmes... Sois convaincant. Je te laisserai la parole. Tu sais si bien mentir.

Panéhésy frappa la paume de sa main d'un violent coup de poing avant de monter dans son char.

– Par tous les dieux, nous allons en avoir le cœur net ! Laisse ton char et viens à mes côtés. Nous parlerons pendant le parcours.

Soulagé d'apprendre que Panéhésy n'avait pas agi à son insu, Méni se plia à ses volontés.

– Nous devrions facilement mettre un terme aux soupçons d'Aÿ en nous présentant devant lui.

Le char sortit précipitamment du jardin et se lança sur la voie principale qui traversait la ville dans toute sa longueur.

– J'espère que nous parviendrons à le convaincre. Il est si têtu. Je le connais, moi aussi. Il est capable de nous tarauder jusqu'à ce qu'il découvre un indice.

Panéhésy s'était emparé des rênes et sifflait lui-même ses chevaux.

– Vite ! Vite !

Mais il se rendit compte qu'ils étaient suivis.

– Que faisons-nous ? Je m'arrête ou je continue ?

– Que se passe-t-il ?

– Deux hommes nous suivent. Plus j'accélère, plus ils se rapprochent de nous.

Méni se retourna malgré la vitesse. Il se tenait fermement aux rebords du caisson.

– Je les avais oubliés !

– Qui sont ces hommes ?
– Des policiers.
– Et tu les connais ?
– Oui. Ce sont des hommes du chef de la police.
– Notre complice ? Mais que font-ils là ?
– Aÿ leur a donné l'ordre de me suivre partout et de me ramener au palais de gré ou de force !
– Ne pouvais-tu me le dire avant ?
– Nous avons pris la bonne décision. Nous nous présenterons devant la reine avant même que ces policiers ne nous y conduisent.
– Ne comprennent-ils pas que nous nous rendons au palais ? Pourquoi prendre le risque de nous renverser ?
– Ralentis, Panéhésy. Ils ne nous aborderont pas.
Ils furent soulagés de voir le chef de la police venir vers eux. Celui-ci les salua froidement.
– Nous allons saluer la reine, lui dit Panéhésy.
– Panéhésy n'est pas coupabke, ajouta Méni.
– Qui l'est ?
– À toi de faire ton enquête et de nous laver de tout soupçon, ajouta le fonctionnaire. Plus vite tu trouveras les coupables, plus vite nous serons en sécurité. Cette histoire ralentit nos projets et je n'aime pas cela !
– Dois-je te faire confiance ?
– Tu le peux, répondit Méni.
Le policier les escorta jusqu'au palais.
– Va dire à Aÿ que nous devons lui parler, affirma Panéhésy.

Dix-septième partie

XII

Quand ils arrivèrent sur la terrasse, le palais était en effervescence. Les domestiques couraient dans tous les sens. Certains pleuraient en travaillant. L'agitation était telle que personne ne fit attention aux nouveaux arrivants.

– On a effectivement l'impression que Rê brille en pleine nuit ! constata Panéhésy. Je ne sais si une enquête est en cours et si nous sommes soupçonnés mais aucun garde ne paraît s'intéresser à nous !

– Que se passe-t-il soudain ? demanda le chef de la police en arrêtant au passage un garde qui courait la lance à la main.

– On nous annonce une catastrophe ! Il faut renvoyer les ambassadeurs et tous les étrangers qui se sont installés au palais.

– Quelle réaction étonnante ! dit Méni. Jamais encore, même lors des plus grands cataclysmes, nous n'avons renvoyé des invités du roi ! Si le roi est mort, pourquoi mettre à la porte de l'Égypte les hérauts, les vassaux et les ambassadeurs ?

– Que faisons-nous ? demanda Panéhésy. Tout le monde se désintéresse de notre présence et je suis persuadé qu'Aÿ ne sera pas disponible.

– Venez ! dit le policier. Je voulais informer Aÿ de

votre arrivée mais il était effectivement occupé. Nous allons tenter de le trouver ensemble.

Ils pénétrèrent dans le couloir sombre qui conduisait aux appartements privés du roi. Des sanglots leur parvinrent bientôt.

Méni s'arrêta et demanda à Panéhésy d'agir comme lui.

– Il n'est pas juste de déranger la reine si elle est en deuil.

Le Grand Prêtre ordonna au policier d'aller chercher Aÿ.

– Ce sera plus raisonnable de lui parler ici.

– Je veux voir de mes yeux ce qui se passe, insista Panéhésy. Même si Aÿ me jure que le roi est mort, je ne serai satisfait que lorsque j'aurai vu de mes yeux le souverain étendu sur son lit.

– Tu redoutes toujours un piège...

– Je trouve l'atmosphère curieuse. D'ordinaire, quand un roi meurt, le palais est calme. Aujourd'hui, on dirait que l'on prépare une fête d'Opet ! Ne trouves-tu pas curieux que les marchands soient encore là ?

– Je crois tout simplement que le décès du roi n'a pas été annoncé officiellement. Certaines rumeurs doivent circuler.

– Et si Semenkharê était seulement malade ? Il n'a peut-être pas rejoint l'Au-Delà... Crois-moi, la meilleure façon de le savoir est d'approcher et de rentrer dans la chambre royale sans y être invités.

– Votre arrivée, passée manifestement inaperçue, n'a cependant pas échappé à Aÿ, dit le policier. Il sait que vous êtes là. Il n'ignore jamais rien de ce qui se passe dans ce palais. Il a de nombreux espions. Je ne les connais pas tous...

– Mise en scène ou non ? dit encore Panéhésy.

– Le roi est bien mort, dit le Grand Prêtre. Le pays est en deuil. Regarde ! Les pleureuses arrivent déjà !

Aÿ surgit du fond du couloir en distribuant ses ordres. Panéhésy s'avança vers lui d'un pas décidé.

– Père Aÿ, lui dit le Grand Prêtre d'Aton en se précipitant également vers son ancien collègue, j'ai appris que le roi avait eu un accident.

– Le roi a rejoint le domaine d'Osiris, répondit Aÿ sèchement.

– La maladie a-t-elle encore frappé ?

– Nous le saurons bientôt.

– Pouvons-nous le voir ? demanda le fonctionnaire.

Aÿ regarda Panéhésy avec mépris.

– Oui. La reine se trouve auprès de lui.

– Père Aÿ, dit Panéhésy en s'approchant, il fut un temps où nous étions de très bons amis. Tu peux donc nous parler franchement. Que s'est-il passé ? La police interroge tous ceux qui approchent du palais.

– Tous ? Je ne le crois pas. J'ai donné des ordres extrêmement clairs à ce sujet.

– Nous avons été suivis et interpellés.

– Ce policier doit accomplir son devoir.

– Père Aÿ, le Grand Prêtre d'Aton et Panéhésy se présentent d'eux-mêmes devant toi.

– Qu'avons-nous fait pour mériter pareil traitement ? demanda Panéhésy. Aurais-tu perdu l'esprit ?

– Encore un mot sur ce ton et tu finiras au cachot, lui dit Aÿ.

Panéhésy ironisa.

– Ainsi donc tu oublies notre belle amitié et tu nous tournes le dos. Tu serais capable de nous mettre en prison ! Je suis prêt à servir la reine Ankhesepaaton. Je suis un digne serviteur de la famille royale.

– Admettons.

– Persistes-tu à ne rien nous dire de la maladie du roi ?

– Nous ne savons pas comment le roi est mort, répondit Aÿ. Tout cela est bien mystérieux.

– Semenkharê était-il souffrant hier ?

– Le médecin prétend qu'il pouvait avoir les symptômes de la peste.

– Tu sembles en douter...

– Je ne veux rien laisser au hasard. Si un Égyptien ose porter atteinte à la famille royale, je le punirai.

– Qui oserait troubler l'ordre de Maât ? demanda Panéhésy.

– Je l'ignore. Mais j'ai entendu parler de certains complots. Je soupçonne un ou deux fonctionnaires.

– Lesquels ?

Aÿ sourit et refusa de répondre.

– Va rendre hommage au roi. Nous en reparlerons certainement.

Panéhésy ne sut comment interpréter les allusions d'Aÿ. Il trouva la reine auprès de Semenkharê et remarqua les trois médecins du roi qui se consultaient. Semenkharê semblait dormir. Rien ne laissait deviner une mort tragique. Il attendit que les médecins eussent achevé leur conversation et il s'adressa à l'un d'entre eux.

– Quelle horrible nouvelle, dit-il. Le roi semblait pourtant en excellente santé...

– Le roi était malade, répondit le médecin.

– Malade ? Mais nous n'en avons rien su ! Je suis suffisamment proche de la famille royale pour être l'un des premiers informés. De quoi souffrait Semenkharê ?

– De la peste.

– Votre diagnostic est-il définitif ?

– Je le crains.

– Le père Aÿ évoquait un meurtre.

Le médecin parut surpris.

– Rien ne nous laisse penser que le roi a été tué. Nous

aurions retrouvé des traces d'une agression : un coup de poignard, les marques d'une arme contondante...

– Aucune trace n'a été retrouvée sur le corps du roi ?

– Non.

Panéhésy pensait au poison. Mais il savait que les médecins décelaient facilement les signes d'un empoisonnement.

– Pourquoi Aÿ a-t-il engagé une enquête alors que les médecins sont si affirmatifs ? demanda-t-il.

– Panéhésy, ta présence me touche, lui dit la reine.

Panéhésy suivit les conseils du Grand Prêtre d'Aton et tomba aux pieds de la reine.

– Je suis trop jeune pour être veuve. J'ai déjà perdu tant d'être chers !

– Sa Majesté est courageuse.

– Mon deuxième époux vient de mourir. Je vais me retirer et laisser la place à une autre reine.

Sans réfléchir davantage, Panéhésy lui dit spontanément :

– Toutankhaton va régner. Pourquoi ne serais-tu pas sa reine ?

Rougissante et un peu choquée par tant de précipitation, Ankhesepaaton pria Panéhésy de se redresser.

– Veux-tu rentrer à mon service, Panéhésy ? Tu me sembles dévoué et nous avons quelque peu négligé tes services depuis la mort de mon père.

– Si Sa Majesté le désire...

– Ainsi donc tu estimes que Toutankhaton succédera à Semenkharê. Horemheb ne donnera jamais son accord. Il est beaucoup trop jeune.

– Horemheb ne décide pas. Il doit accepter la gloire des héritiers. Personne ne peut rien contre l'hérédité. Toutankhaton est le fils d'Akhenaton.

Ankhesepaaton frémit.

– Personne ne le sait avec certitude. Seule Kiya, sa mère, aurait pu nous le dire. Peut-être même ne connaissait-elle pas le nom du père de Toutankhaton. Était-ce Aménophis III ou mon propre père Akhenaton ? J'ai été très surprise d'apprendre que Toutankhaton pouvait être mon frère.

Elle s'interrompit.

– Il serait indécent de poursuivre cette conversation devant le corps de Semenkharê, dit Panéhésy en regardant le visage serein du jeune roi. Semenkharê aurait, cependant, accepté cette solution. Te voir épouser Toutankhaton ne lui aurait pas déplu. Quant au peuple égyptien, il sera séduit ! Un roi prendre pour épouse sa sœur de sang royal. Voilà une situation idéale !

Ankhesepaaton baissa la tête.

– J'avoue que cette situation ne me déplairait pas. Mon père aurait apprécié ce mariage. Je m'étais moi-même engagée il y a quelques mois à mieux connaître Toutankhaton et à devenir sa femme. Je suis donc prête.

– Et Toutankhaton ?

– Je crois qu'il est également disposé à m'épouser. En revanche, je ne sais s'il veut régner. On l'a formé pour cela.

Méni jugea la sérénité d'Ankhesepaaton étonnante. Quand elle parlait de Toutankhaton, la reine paraissait oublier la catastrophe qui venait de se produire. Ses yeux s'illuminaient et ses pommettes rosissaient. Elle retrouvait des couleurs et cessait d'être angoissée.

– Majesté, dit une nourrice en s'approchant d'elle en chuchotant, ta fille te réclame.

– Par Horus, je ne veux pas qu'elle vienne ici.

– Elle ne cesse de pleurer et de gémir.

– Cette atmosphère pesante déplaît à tous les enfants. Je vais m'occuper d'elle.

Méni proposa ses services.

– Reine, il est très difficile de parler à un enfant. Tu ne vas rien dire à ta fille pendant quelques mois car c'est un bébé mais que se passera-t-il ensuite ?

– Méni, répondit Ankhesepaaton avec beaucoup d'aplomb, cette enfant est née de mon union avec mon cher père Akhenaton. Elle aurait pu avoir comme père Semenkharê. Le destin en a décidé autrement. Pourquoi voudrais-tu que je lui explique tout cela alors qu'elle a l'âge de tirer des jouets à roulettes avec une ficelle et de lancer des balles ? Quand elle sera plus grande, elle entendra parler de tous les pharaons. Je lui expliquerai que j'avais épousé Semenkharê et qu'il est mort trop tôt. Elle grandira aux côtés de Toutankhaton s'il devient mon époux. Ne ferait-il pas un excellent père ?

– Tout aussi attentionné que Semenkharê, répondit Méni. Cependant...

– Ne me taraude pas à ce sujet, Grand Prêtre. Un enfant s'attache au père qui s'occupe de son éducation. Elle acceptera cette situation sans douleur et sans peine.

– Je le crois aussi, dit Méni en saluant la reine d'un mouvement de la tête.

Comme la nourrice n'osait montrer une impatience que la reine devina, cette dernière quitta la chambre de son époux et se hâta de la suivre.

– Toutankhaton est à deux doigts de régner, chuchota Panéhésy à Méni.

– J'en suis heureux et j'avoue que je vois la situation sous un autre angle.

– Que dois-je comprendre ?

– Je te l'avais dit... Je refuse de nuire à Toutankhaton...

Comme les médecins revenaient auprès du roi défunt, Méni se tut.

– Nous en reparlerons. Mais je pense que nous pouvons retrouver facilement un poste digne de nous. La reine nous chérira. Quant à Toutankhaton, nous obtiendrons tout de lui.

– À mes yeux, la situation ne varie guère.

Depuis qu'il avait vu l'opportunité de devenir roi, Panéhésy refusait de revenir sur ses plans.

– Si tu réussis à faire alliance avec nos ennemis, je sais que tu iras jusqu'au bout, lui dit Méni. Il est vrai que l'Égypte aura du mal à l'emporter sur les Babyloniens, les Hittites, les Amorites, les Libyens et les Nubiens réunis. Mais je ne crois pas en cette alliance de peuples aussi divers pas plus que je ne te vois à la tête de l'armée égyptienne !

– L'avenir le dira.

– Prends garde, Panéhésy. Réfléchis bien aux offres de la reine et choisis le bon parti.

Comme Aÿ revenait vers eux, ils se turent et s'approchèrent du lit en faisant mine de prier les dieux.

– Quelle grande perte pour l'Égypte, dit Panéhésy dans un soupir. Je crois que Semenkharê aurait été un grand roi, populaire et glorieux.

Aÿ allait lui répondre mais il préféra s'abstenir devant l'assemblée.

– Si vous avez honoré le roi, nous pouvons peut-être poursuivre les analyses que nous avions commencées, dit Aÿ en s'adressant aux médecins et en poussant les pleureuses vers le couloir.

– Je dois avouer que je suis très curieux de savoir pourquoi Aÿ insiste tant en pensant que Semenkharê a été assassiné. Il ne nous a pas tout dit, loin de là. S'il a raison, je veux également savoir qui a pu tuer le pharaon. J'espérais obtenir des réponses en venant ici.

– Moi aussi. Cette visite est décevante. Nous avons, cependant, la preuve que le roi est bien mort.

Les deux compères continuèrent à deviser dans le jardin sans être autrement inquiétés.

– Je suis rassuré, avoua Méni. La présence de policiers chez moi ou dans le temple d'Aton ne me plaisait guère !

XIII

Le Grand Prêtre d'Aton fut soulagé d'apprendre que Panéhésy avait accepté d'entrer au service de la reine.

– Je n'en ai pas pour autant oublié mes projets, lui dit-il.

– Je suis heureux de l'entendre car je n'espère rien de Toutankhaton.

Panéhésy resta muet de surprise.

– Que se passe-t-il, Méni ? Tu m'as répété pendant des semaines que tu aimais Toutankhaton et que tu ne voulais pas être son ennemi. Tu paraissais soulagé de la mort de Semenkharê et, aujourd'hui, tu n'attends plus rien de celui dont tu as suivi l'éducation avec attention !

– J'ai compris que Toutankhaton était dirigé en coulisses par Aÿ et Horemheb. Il ne fait qu'exécuter leurs ordres. Nous n'obtiendrons donc rien de ces deux hommes. Horemheb souhaite retourner à Thèbes et effacer définitivement le règne d'Akhenaton. Quant à Aÿ, il a retrouvé sa place au milieu des Grands Prêtres d'Amon.

– Mais Toutankhaton t'écouterait... Tu pourrais lui parler, lui rappeler combien vous êtes proches...

– Je pensais sincèrement que Toutankhaton aurait assez de poids pour imposer quelques-unes de ses volontés. Aujourd'hui, je comprends qu'il n'en est rien.

S'il règne, Toutankhaton devra se plier aux volontés d'Aÿ et d'Horemheb. Je crois même qu'il serait dangereux pour lui d'y déroger.

– Que sous-entends-tu ?

– Qu'Horemheb fera en sorte de mettre sur le trône un roi qui lui est entièrement acquis.

– J'ai donc bien saisi ton message. Que Toutankhaton règne ou pas, tu me suivras.

– Oui.

*
**

Après les soixante-dix jours de deuil, Ankhesepaaton et Toutankhaton envisagèrent leur mariage. Aÿ convoqua des prêtres pour la cérémonie et promit d'unir lui-même sa petite-fille à Toutankhaton. Il remplit également les registres des temples et vérifia leur mise à jour. Il rédigea aussi la liste des biens des deux époux et le texte d'engagement qu'il relut à son scribe.

– Peaufine le texte, lui dit-il, et lis-le devant moi.

– « Le jour même, Aÿ se présenta dans le temple devant Toutankhaton. Celui-ci prit Ankhesepaaton comme épouse et mère de ses futurs enfants, gardienne des droits familiaux. Le prêtre d'Amon et du roi qui a reçu d'Amon toute sa puissance posa la question à Toutankhaton : "Aimeras-tu ta femme et la future mère de tes enfants selon les lois égyptiennes ?" Toutankhaton répondit : "Je m'y engage. Si j'aime une autre femme et si je suis pris sur le fait avec une autre, que mes biens appartiennent à l'instant à ma vraie épouse car j'aurai fait un acte répréhensible. Tous mes biens, acquis par hérédité ou non, seront à mes enfants mis au monde par ma femme en titre." »

– Cela me convient, ajouta Aÿ. Il me faut maintenant deux prophètes et plusieurs témoins.

– Le digne Panéhésy que la reine protège tant ?

– Certainement pas ! répondit Aÿ. Je vais les choisir moi-même. La cérémonie aura lieu dans la salle des fêtes du palais. Il faudra mouiller, nettoyer et faire briller les mosaïques et les peintures. Tous les fonctionnaires revêtiront leur tenue de fête. Ankhesepaaton et Toutankhaton assisteront à la cérémonie sur une estrade. Que leurs sièges, leurs bijoux, leurs vêtements resplendissent de pierres précieuses.

– Qui prononcera la formule unissant les deux époux, divin père Aÿ ?

– Toutankhaton. Il affirmera devant tous : « Ankhesepaaton est ma femme et je suis son mari à partir de ce jour et pour l'éternité. » Après cette cérémonie qui ne sera qu'une formalité mais que je souhaite majestueuse viendra l'heure du couronnement. J'écrirai avec toi le discours que Toutankhaton prononcera devant le peuple.

Le scribe se courba devant Aÿ.

– Toi qui es habitué à rédiger ce genre de texte et dont c'est le métier, vois-tu une erreur ou une omission ? N'hésite surtout pas à me le dire car je veux que tout soit parfait.

– Père Aÿ, tu as parlé avec sagesse. Dois-je réfléchir dès maintenant au discours que prononcera Toutankhaton ?

– Oui. Donne-moi les grandes lignes à partir des textes traditionnels. En ce qui concerne le contenu, que j'adapterai à la situation, je m'en charge.

– Quand veux-tu ce travail ?

– Dès que possible. Ce discours sera déterminant.

*
**

Toutankhaton n'avait osé se réjouir de la disparition de Semenkharê. Il y vit, toutefois, un signe des dieux. Son ambition croissait avec les années. Il lui paraissait légitime de régner et il revendiquait le trône d'Égypte. Seule sa santé fragile lui donnait des inquiétudes. Horemheb et Aÿ s'interrogeaient sur l'avenir de l'Égypte. Ils avaient toujours pensé que Toutankhaton était un héritier possible en cas de défaillance du roi. Hormis Toutankhaton, aucun autre enfant du pharaon n'était digne de régner. Il paraissait donc urgent de marier Toutankhaton et de l'inciter à faire des princes.

Personne n'aurait pu contester l'installation de Toutankhaton sur le trône d'Égypte car il était le seul descendant du roi. Comme Toutankhaton n'était pas le fils de la grande Néfertiti, il était impératif de le marier avec une femme de sang royal. Sa demi-sœur, Ankhesepaaton, était donc tout indiquée pour légitimiser son pouvoir.

Le second prêtre du roi du Double Pays, l'intendant des greniers et du bétail d'Aton, le chancelier du roi, Panéhésy, ne s'occupait plus des richesses d'Aton ni du clergé du dieu. Il administrait les biens de la reine en attendant une autre fonction plus proche de ses anciens titres. Car, malgré les désillusions de Méni, Panéhésy s'était donné pour objectif de décider le jeune et influençable Toutankhaton à suivre le modèle d'Akhenaton et à honorer le seul Aton. Pour ce faire, il devait également persuader Aÿ. Or, celui qui venait de recevoir le titre tant envié de vizir n'avait pas l'intention de partager le pouvoir avec d'anciens collègues. Comme l'armée et le clergé ne cessaient de montrer leur mécontentement, Aÿ décida que Toutankhaton serait couronné à Thèbes.

En apprenant cette décision qui contrariait ses plans, Panéhésy réclama une entrevue à celui qui dirigeait l'État.

– Souviens-toi de notre prestige et de notre gloire, divin père. Nous les avons acquis sous Akhenaton.

– Tu voudrais garder tes titres pour accroître ta fortune. S'occuper des richesses et des greniers d'Aton n'est pas sans avantages. Toi et le Grand Prêtre d'Aton avez acquis des richesses qui feraient pâlir les dieux.

– Ta fortune dépasse largement la nôtre, répondit un peu vite Panéhésy.

– Toutankhaton sera couronné à Thèbes, répéta Aÿ. Contente-toi de servir la reine et n'espère plus gérer un jour les biens des temples d'Aton que nous rendrons au dieu Amon.

– Toutankhaton peut mourir aussi subitement que le roi Semenkharê... dit Panéhésy.

– Serait-ce une menace ?

– Que veux-tu dire ?

– Aurais-tu l'audace de comploter contre la vie du roi ?

– Tu m'insultes, père Aÿ !

– Nous le saurons bientôt. L'enquête concernant le décès de Semenkharê touche à sa fin et j'ai appris des nouvelles surprenantes qui m'amèneront à prendre des décisions catégoriques.

– Semenkharê a été victime de la peste, tu le sais comme nous tous. Que cherches-tu ?

– La vérité, Panéhésy. Je te connais. Je sais que tu ne peux accepter d'être désavoué.

– Tes accusations me déplaisent.

Aÿ sourit.

– Nous avons été amis. Nous avions tous quelque chose à perdre en renonçant au culte d'Aton.

– Tu devrais être rassuré maintenant que la reine m'a donné un poste envié.

– Et le Grand Prêtre d'Aton, qu'a-t-il reçu ? Lui aussi vivait bien grâce aux richesses du dieu.

À force d'arguments, Panéhésy finit par convaincre Aÿ d'abandonner son enquête. Le chef de la police l'apprit non sans soulagement au Grand Prêtre d'Aton.

– Aÿ restera vigilant, lui dit-il. Il est préférable que je me tienne sur mes gardes.

– Quand l'armée et le clergé auront tourné le dos au pharaon, il faudra bien que tu fasses ton choix.

– Vous n'avez donc pas renoncé à votre projet ?

– Non. L'attitude de Toutankhaton me déçoit. Il m'est désormais impossible de parler à Aÿ.

– Panéhésy est comblé. La reine a besoin de lui.

– Ankhesepaaton se contente de suivre les conseils de son grand-père. Qu'est-ce qui est inscrit dans les registres du palais ?

– Que Semenkharê a été victime de la peste.

– Les malheurs de la reine sont loin d'être terminés. Quant à Toutankhaton...

Nullement épargné par les nouveaux dirigeants, Méni avait reçu l'ordre de ne pas accompagner le couple royal à Thèbes.

– Je dois rester à Akhetaton alors que tout le monde a décidé de partir. Seuls les prêtres d'Aton vont vivre dans une cité déserte ! Les Grands Prêtres d'Amon ne veulent pas que nous foulions le sol de Thèbes ! Panéhésy a retrouvé un poste agréable et digne de lui. Horemheb et Aÿ ont besoin d'une leçon !

– Nous avons échappé à la vigilance du père Aÿ. N'en demandons pas davantage. Tu me mets, Méni, dans une position délicate.

– J'avoue être soulagé que cette enquête soit enfin terminée. Elle n'était pas justifiée.

– L'objectif d'Aÿ était peut-être de nous donner une leçon et de nous faire peur. Je dois reconnaître qu'il a réussi car je me contenterai désormais d'exécuter les ordres du roi.

La femme du maire de Thèbes
(Vallée des Nobles).

Tombe d'Horemheb, général et proche conseiller de Toutankhamon,
à Saqqarah (site fermé au public).

Le temple d'Amada en Nubie.

Le ka de Toutankhamon (trésor de Toutankhamon).

Le village des ouvriers à Thèbes. Toutankhamon y revient avec la cour.

Statuette de fonctionnaire retrouvée à Amarna.

Partie du temple de Louxor où figure Toutankhamon.

Représentation d'Akhenaton retrouvée à Akhetaton (actuelle Amarna).

Anubis surveillait l'entrée de la tombe de Toutankhamon
(pièce du trésor de Toutankhamon).

Tombe de Ramosé, personnage indispensable
de la cour d'Akhenaton (Vallée des Nobles).

Cortège funéraire de Ramosé (Vallée des Nobles).

Les vestiges du temple de Khnoum près d'Assouan
(en cours de restauration).

Cirque de Deir el Bahari et monts de l'Assassif
où Toutankhamon rétablit les fêtes en l'honneur d'Amon.

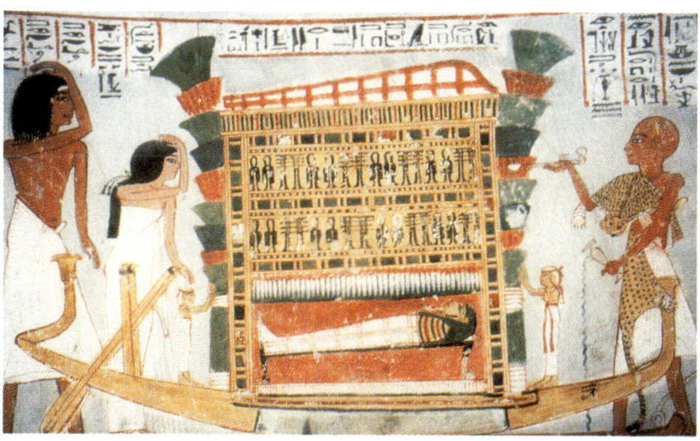

Le corps est transporté de la rive est à la rive ouest du Nil (tombe de la Vallée des Nobles).

Le cortège funéraire avec les pleureuses (Vallée des Nobles).

Rares détails de dessinateurs
et fabricants de meubles
(tombe de Rekhmirê).

Polisseurs et sculpteurs
(tombe de Rekhmirê).

Pharaon face au dieu Ptah qui le protège (Vallée des Rois).

Méni n'essaya pas de le retenir.

– Tu as certainement trouvé la raison de cette obstination. Il semblerait que ses tentatives aient en partie réussi. Tu comprendras que je ne peux me satisfaire de vivre ici, éloigné de tout. Je ne suis plus guère ambitieux mais j'ai vécu près du roi et dans les coulisses du pouvoir. Être ainsi exclu de toute vie politique, religieuse ou culturelle est pour moi inconcevable !

– Comment raisonnent les autres prêtres d'Aton ?

– Qu'ils soient Grand Prêtre ou simple exécutant, ils sont tous aussi révoltés ! Nepnefer veut entrer en guerre avec le clergé d'Amon. Que les prêtres d'Amon ne tentent pas de venir voler les biens d'Aton sous nos yeux. Ils seront exécutés sur-le-champ comme de vulgaires vandales !

XIV

Les premières mesures d'Aÿ avaient pour but de rassurer les soldats et les prêtres. En ce qui concerne l'armée, il laissa courir le bruit que le couple royal quitterait bientôt Akhetaton, la ville désormais haïe. Ankhesepaaton n'était toujours pas tentée par l'inconnu. Quant à Toutankhaton, il subissait les volontés des principaux fonctionnaires et se pliait à ses devoirs sans oser protester.

Dans l'attente de ce voyage qui avait été retardé par les funérailles de Semenkharê enterré à Akhetaton, Aÿ eut une idée lumineuse pour satisfaire pleinement les prêtres d'Amon. Il fit appeler sa petite-fille et son époux et leur dit avec tendresse :

– Pour votre bien, je souhaite que vous changiez de nom.

Très réticent, Toutankhaton s'y opposa immédiatement.

– Jamais ! répondit-il avec hauteur. Je garderai et porterai fièrement le nom que ma mère m'a donné !

– En réalité, précisa Aÿ, il n'est pas question de changement de nom véritable.

– Je ne comprends pas, grand-père, lui dit Ankhesepaaton.

– Au lieu de vous appeler Toutankhaton et Ankhesepaaton, vous pourriez prendre le nom de Toutankhamon et d'Ankhesenamon en référence au dieu thébain. Si vous continuez à porter le nom d'Aton, personne ne vous respectera à Thèbes.

– Le peuple nous connaît...

– Crois-moi, Toutankhaton, les Égyptiens vous connaissent mal. Vous n'avez jamais voyagé. Vous ne fréquentez pas les palais royaux de la rive du Nil.

– Bien, grand-père, dit finalement Ankhesepaaton. Ce ne sera pas trop difficile pour nous. Qu'en penses-tu Toutankhaton ?

Le jeune garçon se montra rétif. Il avait l'impression de trahir sa mère qui avait choisi ce nom pour plaire à Akhenaton.

– Un jour proche viendra, ajouta Aÿ, où il vaudra mieux ne plus rappeler à quiconque l'existence de votre père Akhenaton. Je lutte pour punir tous ceux qui martèlent, la nuit, le nom de votre père dans les autres villes égyptiennes. On me raconte que les bustes du pharaon sont retrouvés à terre et brisés en mille morceaux. Les travaux qu'Akhenaton avait faits à Karnak déplaisent. Les Grands Prêtres veulent absolument les détruire. Pylônes, scènes de la vie quotidienne, bâtisse de Néfertiti, tout est odieux aux prêtres. Quant à l'agrandissement du temple d'Amon commandé par Akhenaton avant qu'il ne crée la ville d'Akhetaton, les Grands Prêtres d'Amon veulent entièrement le refaire et le reconcevoir. Aucune trace de votre père ne doit subsister !

Toutankhaton s'emporta violemment.

– Notre père était le plus grand pharaon de tous les temps.

– Toutankhaton, je comprends ta révolte et ta colère. Tu ne connais pas le nom de ton vrai père. Crois-moi, il serait préférable que tu soies aujourd'hui né d'Aménophis III et, pour le rappeler, je te conseille de faire dresser une stèle sur laquelle tu rappelleras que tu honores ton père Aménophis III. Nous nous en occuperons dès que possible.

– Et moi, grand-père Aÿ ? demanda Ankhesepaaton.

– Tout le monde sait qui t'a engendrée. Cependant, si ton époux est le fils d'un pharaon aimé, on oubliera qui est ton père. Je crains, mes enfants, que les noms d'Akhenaton et de Néfertiti ne soient à jamais haïs et oubliés.

Toutankhaton se lamenta.

– Quand j'aurai les pleins pouvoirs, je punirai tous ceux qui oseront toucher au nom ou aux statues de mon père. Aÿ, comment peux-tu accepter un tel vandalisme ?

– Hélas, Toutankhaton, cette situation nous échappe. Jamais nous n'avons ressenti une telle haine gagner le peuple égyptien. Personne n'approuvait la religion d'Akhenaton.

– Tu ne comprends pas, père Aÿ, intervint Ankhesepaaton. tout le monde l'admirait et le vénérait. Ma mère était le modèle de toutes les femmes.

– Parce que les Égyptiens avaient peur et qu'ils agissaient dans la crainte.

– Nous ne connaissons que ces croyances et cette ville, répliqua Toutankhaton. Comment imaginer d'autres rites ou une politique différente ?

– Je vous aiderai, lui dit Aÿ. Mon épouse, ancienne nourrice royale, a connu avec moi des jours fastes à Thèbes. Je vous promets de vous guider. Vous verrez... La vie y est agréable et les cultes faciles à assimiler. Dans quelques mois, vous aurez oublié Akhetaton.

– Je ne le souhaite pas, répondit Toutankhaton. Mon père restera à jamais dans mon cœur !

*
**

Le voyage vers Thèbes dura sept jours. Toutankhamon et Ankhesenamon s'émerveillèrent de la foule qui les saluait sur leur passage. Massés sur les deux rives, les Thébains leur réservèrent un accueil surprenant digne des plus grands pharaons.

Toutankhamon était aussi troublé qu'Ankhesenamon. Ils découvraient de nouveaux paysages et des monuments prestigieux. Ils décelèrent, cependant, aux abords de Thèbes, quelques sifflets et des cris de protestation.

– Les Thébains ne nous aiment pas, dit Toutankhamon à Aÿ.

– Ils apprendront à vous connaître. Ils sifflent aujourd'hui la fille d'Akhenaton. Ils vénèreront demain le couple royal adorateur d'Amon.

– Je ne suis guère rassurée, Aÿ. Nous serons obligés de sortir avec une escorte importante.

– Depuis que le pharaon l'a délaissée, Thèbes est devenue une ville dangereuse. j'ai envoyé des soldats y mettre bon ordre.

Quand ils arrivèrent près du petit temple d'Amon, Toutankhamon et Ankhesenamon s'extasièrent. Oubliant les huées, ils se levèrent de leurs fauteuils protégés du soleil par un dais et se précipitèrent à la proue du navire royal ornée de motifs dorés. Tels deux enfants contemplant une terre nouvelle, ils montraient du doigt les colonnes du petit temple d'Amon construit par leurs ancêtres.

Aÿ et son épouse ressentirent une violente émotion. Bien qu'il vînt régulièrement à Thèbes, Aÿ devait habiter Akhetaton contre son gré. Depuis dix ans, il espérait revenir vivre à Thèbes.

– Vois, Toutankhamon. Ce temple a été construit par Aménophis III, Thoutmosis III et Hatchepsout. Ces colonnes gigantesques, cette cour où arrivait la statue du dieu Amon lors des grandes fêtes thébaines sont signées Aménophis III. Derrière la cour, dans cette petite partie (il montrait les pièces du doigt) sont représentées les scènes de la naissance d'Aménophis III. Sa mère y est en compagnie d'Amon.

– D'Amon ? demanda Toutankhamon, étonné.

– Oui. Car Amon était le père divin d'Aménophis III qui aimait croire, comme Hatchepsout, qu'il avait été engendré par le dieu divin.

– Ce temple me plaît, Aÿ, dit Ankhesenamon.

– On y déposait la barque d'Amon lorsqu'il sortait du temple de Karnak. Elle y restait pendant quelques jours avant de regagner le temple principal.

Toutankhamon et Ankhesenamon avaient hâte de visiter ce grand temple dont ils n'avaient entendu dire que du bien de leur propre père.

– C'est là que votre destin va se jouer, précisa Aÿ. les Grands Prêtres vous attendent. Comme rien ne leur a été épargné ces dernières années, ils se montreront exigeants. Ils connaissent parfaitement la politique. Ce sont de vieux renards alors que vous n'êtes que de jeunes antilopes. Ne vous laissez pas impressionner.

– Que veux-tu dire, grand-père ? Le clergé d'Amon convoite le pouvoir et souhaite nous éliminer ?

– Non, Ankhesenamon. Si vous respectez leurs volontés, ils se plieront aux vôtres. Comme le disaient justement vos ancêtres, il est impossible à un roi de gouverner sans l'appui du clergé.

Toutankhamon n'était pas dupe du dessein d'Aÿ qui avait intérêt à jeter le futur couple royal dans la gueule des prêtres d'Amon.

– Ton discours m'étonne un peu, Aÿ. Horemheb prétend souvent qu'il est dangereux de laisser trop de pouvoir au clergé. Semenkharê m'avait appris la même chose. Je crois savoir qu'Aménophis III avait quitté son palais thébain pour éviter de donner aux prêtres de Karnak une trop grand puissance.

Aÿ se racla la gorge. Les leçons que Toutankhamon avait reçues et qu'il ânonnait parfois, lui rappelaient que Toutankhamon ne se laisserait pas diriger aussi facilement que prévu.

– Ce n'est guère l'endroit pour en discuter, répondit Aÿ en baissant la voix. On ne fait pas de politique sur un bateau ! Sache, Toutankhamon, que j'ai mes raisons pour parler ainsi ! Ce ne sont pas des motifs personnels mais des choix stratégiques. Les prêtres d'Amon ont été si malmenés qu'il est bon de leur laisser croire qu'ils obtiendront des honneurs et des richesses.

Comme le chef d'équipage qui avait, autrefois, dirigé les bateaux de la reine Tiyi approchait pour prendre ses ordres, Aÿ fit signe à Toutankhamon de se taire.

– Ces temples sont vraiment superbes. J'ai hâte de les visiter en ta compagnie, dit Aÿ. Mais comment allons-nous accoster ? Le peuple paraît très hostile.

– Divin père Aÿ, quand souhaites-tu débarquer ? demanda le chef d'équipage.

– Avançons vers Armant. Nous débarquerons juste à la sortie de Thèbes. Ce sera plus prudent. Il faut laisser au peuple thébain le temps de s'habituer à Toutankhamon et à Ankhesenamon.

Comme le chef d'équipage le regardait étrangement, Aÿ répéta ses explications.

– Y aurait-il un problème ? Rê aurait-il rencontré Hécate ? demanda le Père divin.

– N'est-ce pas faire acte de lâcheté ? intervint Toutankhamon. Je préférerais débarquer, dès maintenant, à Thèbes même si tous les habitants ne nous approuvent pas. Je n'ai jamais fui devant le danger. Semenkharê m'a appris à l'affronter, non à l'éviter.

– Vous êtes si jeunes, mes enfants ! Il n'est pas honteux d'éviter les écueils...

– Il n'en est pas question ! Je veux arriver ici-même ! Allons, préparez notre débarquement.

XV

En voyant les barques royales se diriger vers l'embarcadère de Thèbes, les huées reprirent.

– Pourquoi agir sans réflexion ?

Ankhesenamon intervint, elle aussi.

– Je pense que Toutankhamon a raison, grand-père. Je refuse d'écouter ces cris hostiles à la famille royale. Nous sommes les dirigeants de l'Égypte. Comment le peuple ose-t-il nous huer ? Fais-le évacuer ! Ordonne d'arrêter les rebelles. Nous les interrogerons plus tard et nous comprendrons mieux leurs arguments.

Aÿ hésitait. Les barques s'étaient mises dans le sens de la largeur du fleuve. Face aux rives noyées de monde où se mêlaient cris de joie et injures, le Père divin appela le chef d'escorte.

– Nous allons débarquer. Je veux que tous les gardes et les soldats qui nous accompagnent forment un rempart entre Toutankhamon, Ankhesenamon et les Thébains. Si un objet les atteint et les blesse, je les en tiendrai pour responsables. Ils ont été entraînés pour protéger le pharaon. Qu'ils emploient leur science pour permettre au couple de se frayer un passage dans cette foule curieuse aussi enthousiaste qu'hostile.

– Père Aÿ, je les connais, lui dit le chef d'escorte. Ils

parlent beaucoup mais ils ne tenteront rien face au jeune couple.

– Puisses-tu dire vrai ! Je n'en suis pas si sûr. Je suis persuadé que des membres du clergé d'Amon se sont mêlés au peuple pour aiguiser sa haine. Jamais les Thébains n'oseraient, en effet, attaquer des membres de la famille royale. En revanche, les prêtres rasés à la tunique de fauve sont redoutables et retors. Crois-moi. Je les connais parfaitement. Ils sont vraiment perfides !

– Alors, Père Aÿ, que faisons-nous ?

– Vous allez débarquer les premiers et préparer vos armes comme si vous vous trouviez en face des ennemis de l'Égypte. Vos couteaux et vos lances doivent être devant vous, prêts à être utilisés. Quand vous vous serez disposés le long de l'embarcadère et de la voie que nous emprunterons et quand vous aurez repoussé la foule, je donnerai l'ordre à la famille royale et aux hauts fonctionnaires de débarquer. Si jamais vous estimez qu'un grand danger menace, revenez m'avertir. Je prendrai d'autres dispositions.

– Tout se passera bien, dit Toutankhamon. Plus nous hésitons, plus les Thébains hurlent. J'ai honte de rester ainsi face aux Égyptiens comme si je les redoutais. C'est à eux de nous craindre et de nous obéir !

– Toutankhamon a raison ! renchérit une nouvelle fois Ankhesenamon.

– Je le sais, reconnut Aÿ. Toutefois, je dois protéger les êtres les plus chers de l'Égypte car ce pays n'a plus de dirigeant.

– Que dis-tu, grand-père ? Horemheb et toi êtes les meilleurs conseillers et généraux qui soient !

– Nous sommes âgés l'un et l'autre. Toutankhamon peut se retrouver seul du jour au lendemain. Les dieux nous ont, jusque-là, épargnés mais c'est une faveur que nous paierons peut-être un jour prochain...

– Nous avons trop besoin de vous.

– Et vous êtes également indispensables à l'Égypte. Voilà qui explique ma prudence que vous pouvez prendre pour de la lâcheté. Si nous sommes tous les trois tués, qu'arrivera-t-il ? Quel héritier d'Akhenaton ou d'Aménophis III régnera ? Qui deviendra la reine ? Qui sera vizir ?

Toutankhamon paraissait plus calme.

– Je dois reconnaître que tu as raison, Père Aÿ. Malgré tout, je persiste à croire qu'il faut débarquer sans tenir compte des sifflements que nous entendons. Regarde ! Certains enfants portent des gerbes de fleurs et des paniers de fruits ! Des femmes agitent des mouchoirs en nous pressant de venir vers elles.

– Soit ! Chef d'escorte, faisons comme je viens de le dire ! Si j'avais pu prévoir un tel accueil, j'aurais pris avec nous beaucoup plus de soldats et aurais demandé à Horemheb de nous accompagner.

– Nous pouvons l'attendre. Son navire ne va pas tarder...

– Non. Que les soldats aillent déjà en reconnaissance ! Toute cette organisation lui laissera le temps d'approcher.

Les gardes débarquèrent sans problèmes. Dès qu'ils posèrent le pied sur le sol thébain, les habitants se turent. Les prêtres n'osèrent intervenir. Tout le monde observa dans le plus grand silence et recula devant les armes. Les Thébains se demandaient ce que la famille royale venait faire à Thèbes. Allait-elle s'installer sur la rive est de Thèbes là où se trouvait encore le palais royal ? Préférerait-elle résider à Thèbes-Ouest où avait été bâti le domaine de Malqatta sous Aménophis III ? N'était-elle que de passage ? Des rumeurs couraient sur le couronnement du nouveau pharaon. La cérémonie était-elle prévue à Thèbes ?

Les rares Thébains, qui n'avaient pas rejoint Akhetaton, n'osaient espérer une nouvelle hégémonie de Thèbes et du dieu Amon. Ils avaient mis une pyramide sur leur espoir. Aussi la venue de ce Toutankhaton, que l'on disait fils de Kiya et d'Akhenaton, leur paraissait-elle très suspecte. Des murmures coururent dans les rangs lorsque les soldats ordonnèrent aux habitants de reculer davantage et de libérer la voie qu'enprunteraient les chars royaux. Ceux-ci arrivaient précisément à l'embarcadère.

– J'ai fait comme le divin père Aÿ me l'avait demandé, dit le gestionnaire du domaine de Malqatta qui montrait un visage aussi épanoui que sa femme. Voilà enfin la famille royale là où elle devrait être ! Mais vous êtes arrivés plus tôt que prévu. Nous vous attendions dans la soirée.

– Un petit vent nous a permis d'avancer plus vite que prévu, lui répondit le chef d'escorte un peu froidement.

– Pourquoi Toutankhaton et Ankhesepaaton ne sont-ils pas descendus ? Où est le divin père Aÿ ?

– Tous trois sont encore dans les bateaux. Le père Aÿ t'expliquera sans doute pourquoi tu dois désormais appeler Toutankhaton « Toutankhamon » et Ankhesepaaton « Ankhesenamon ».

– Je ne comprends pas ce changement.

– Il était manifestement nécessaire. Je ne jugerai pas les décisions du père Aÿ. Contente-toi d'écouter mes conseils.

– Le ton que tu emploies me déplaît. Es-tu chef d'escorte ou général ? Ta superbe dépasse celle du vénérable Horemheb qui possède toutes les qualités et tous les titres pour se redresser face à moi.

Le chef d'escorte laissa entendre un petit rire caustique.

– Je sais qui tu es et je te respecte.

– Tu ne parais, cependant, pas approuver cette venue à Thèbes. Mépriserais-tu les Thébains ?

– Je n'ai jamais haï ni les Thébains ni les habitants d'Akhetaton. Je me contente d'obéir aux ordres.

– Je sens, pourtant, dans ta voix, un semblant de reproche.

– Ces dernières années, les rois égyptiens, que je me garderai de critiquer, ont une fâcheuse tendance à aimer les changements radicaux. J'ai bien vécu à Thèbes. Ma femme y était heureuse. Nous avions deux enfants magnifiques...

– Pourquoi parles-tu au passé ?

– Parce que j'ai perdu toute ma famille dans la ville maudite d'Akhetaton ! La peste a endeuillé notre clan.

– Les rois ne sont pas responsables !

– Le crois-tu vraiment ? Tous ces changements faits sans réflexion, au hasard des caprices royaux, me paraissent dangereux. J'ai prié pour revenir ici avec ma femme. Hélas ! Elle est morte avant de connaître cette joie. Aujourd'hui, je reviens ici sans rien. J'ai tout perdu.

– Et tu penses à ta femme qui aurait aimé t'accompagner...

– Pourquoi n'a-t-elle pas eu cette joie alors que l'épouse d'Aÿ affiche le plus grand des bonheurs ?

– Je n'ai rien à ajouter face à ta souffrance. Dis-moi seulement quels sont les ordres du père Aÿ.

– Nous devons nous assurer que l'ordre régne ici et que la famille royale n'est pas en danger.

– Je peux te l'assurer ! J'ai vécu suffisamment longtemps à Thèbes, sur les deux rives, pour affirmer que les Thébains sont plus ronchons, turbulents, têtus que méchants. Ils s'interrogent, sans doute, sur votre arrivée dont ils souhaiteraient connaître la raison. Mais, lorsqu'ils sauront la vérité, ils seront ravis. Ils fêteront la cérémonie du couronnement pendant des nuits et des nuits. Ils comprendront surtout qu'Amon sera de nouveau le dieu le plus important d'Égypte !

Le chef d'escorte n'était pas aussi convaincu de la bienveillance des Thébains. Aussi s'assura-t-il qu'aucun des habitants présents ne possédait d'armes.

– Que ceux qui en ont les jettent ici ! Ils les reprendront après le passage des chars royaux ! cria-t-il.

– Je doute que cette agressivité les amadoue, dit le fonctionnaire qui s'estimait, malgré tout, supérieur au chef d'escorte.

– Je fais mon travail !

Il disposa ses hommes le long de l'embarcadère et du chemin principal.

– Il aurait été préférable d'annoncer aux Thébains que Toutankhamon allait être couronné à Thèbes. Ils auraient nettoyé et décoré la ville qui en a bien besoin. Ils se seraient apprêtés à fêter l'événement. Ils auraient ressorti leur tunique blanche et leur pagne en lin, auraient recouvert le sol de pétales de fleurs, auraient préparé des mets exceptionnels. Au lieu de quoi, cette arrivée soudaine et inattendue crée un malaise compréhensible.

– Je ne décide pas. Seul le père Aÿ commande.

– Le peuple sait-il au moins que Toutankhaton a pris le nom de Toutankhamon et qu'Ankhesepaaton s'appelle maintenant Ankhesenamon ?

– Certainement pas. Ce sujet doit faire l'objet d'un discours important. Je crois savoir que le divin père Aÿ le prononcera lui-même et qu'il tient à faire son effet. Il est persuadé que cette nouvelle changera aussitôt l'humeur des Thébains.

– Il a raison. J'ai hâte d'y être et de l'entendre pour enfin voir les habitants de cette ville heureux ! Mais comment les conseillers et les amis du futur roi appellent-ils le jeune couple ?

– Toutankhamon et Ankhesenamon.

– Voilà qui est compliqué. Il est temps qu'Aÿ s'exprime à ce sujet.

Le responsable de Malqatta prit le bras de son épouse et lui apprit la nouvelle. Elle sourit avec malice.

– Le père Aÿ est toujours aussi malin, glissa-t-elle. Quelle merveilleuse idée ! Quel homme politique ! Qui aurait pensé à changer le nom de ces enfants ?

– J'avoue qu'il est indispensable et j'espère qu'il vivra longtemps pour soutenir le roi. Nous l'avons beaucoup observé à Akhetaton. Il est bon, intransigeant, ambitieux malgré son âge et patriote. Je ne lui connais pas de défaut !

– Tout me paraît calme maintenant, dit le chef d'escorte en revenant vers eux. Tu as raison, les Thébains sont plus bavards que violents. Je l'avais oublié. Plus de dix ans loin de cette ville m'ont fait perdre la mémoire !

– Ils sont surtout têtus !

– Je vais inviter la famille royale à accoster. Horemheb n'arrive toujours pas. Il a dû être retardé. Je crois qu'il approuverait ma décision.

XVI

Les soldats, impassibles, faisant une barrière de leur corps, étaient en poste. Le chef d'escorte réembarqua et le dit à Aÿ qui approuva le débarquement.

– Le gestionnaire du domaine de Malqatta est arrivé. Il prétend qu'il n'y a aucun danger.

– Son avis m'est précieux, dit Aÿ. Nous pouvons gagner le palais de Thèbes.

– Nous n'attendons pas le général Horemheb ?

– Non. Je veux débarquer avant la nuit. Je suis sûr que tout est prêt pour nous recevoir.

– Voilà une excellente raison pour ne pas nous réfugier à Armant ! dit Ankhesenamon, très excitée par la découverte de cette ville nouvelle pour elle.

– J'ai hâte de visiter ces temples magnifiques. On les voit mal du fleuve, ajouta Toutankhamon. Dès demain, je veux voir ce que mes ancêtres ont réalisé.

– Tu auras l'occasion de te souvenir des heures que tu auras passées dans ces monuments à la gloire d'Amon, lui dit Aÿ, car les cérémonies auront lieu dans l'un d'entre eux, peut-être dans les deux.

– Voilà qui satisferait l'ensemble des prêtres, répondit Toutankhamon.

– J'en suis conscient. J'ai terminé le programme des festivités et du couronnement. J'y ai longuement réfléchi et je crois, sans fausse modestie, qu'il est parfait. J'ai fait en sorte de n'oublier personne et de satisfaire au mieux le peuple, les fonctionnaires et le clergé.

– Allons-y ! dit Ankhesenamon en observant l'équipage disposant les planches qui permettraient à la famille royale de débarquer. Vite ! dit la jeune fille en joignant les mains en signe d'allégresse. Je sens que cette ville va nous porter chance ! Toutankhamon ! Ne ressens-tu pas cette émotion qui m'étreint ?

– Je suis très ému, je le reconnais. Je n'imaginais pas Thèbes ainsi. La cité paraît moins rutilante et moins neuve qu'Akhetaton. Il faudra sans doute faire un bon nettoyage et fleurir de nouveau les balcons, les sols et les chemins. Mais, en pensant que nos ancêtres ont construit tous ces monuments – temples, obélisques, pylônes, colonnades, chapiteaux, chapelles, palais –, je comprends qu'une immense histoire a animé ces murs, ces maisons, ces champs et ces places. Je me souviens, soudain, des récits que me faisaient mes professeurs. Je revois Aménophis III et la reine Tiyi qui connaissaient parfaitement ces lieux.

– Tu seras très impressionné par les colosses qui le représentent sur la rive opposée juste à l'entrée de son temple de millions d'années.

– J'ai également hâte de visiter Malqatta.

– Nous y séjournerons certainement.

– J'ai conscience que si je deviens pharaon, je devrai également connaître les temples nubiens, les régions vassales de l'Égypte, l'Asie, le Hatti...

– On ne t'en demandera pas tant, répondit Aÿ en souriant pour redonner à Ankhesenamon son beau sourire.

Comme Toutankhamon se précipitait pour descendre le premier, le prêtre l'arrêta.

– J'ai cédé à ta demande mais je refuse de te laisser partir seul face à cette foule.

Aÿ fit signe au chef d'escorte d'envoyer les hommes qu'il lui restait. Aÿ suivit puis le jeune couple descendit. Les autres navires attendaient pour accoster.

– Dites-leur de se placer en épi. Que les fonctionnaires nous rejoignent et nous suivent !

La foule, maintenant silencieuse, observait avec beaucoup d'intérêt et de curiosité les gestes déployés par les membres d'équipages qui baissaient et pliaient les voiles, descendaient et montaient le long des mâts, jetaient des planches entre l'embarcadère et les navires, rassemblaient les vivres et les jarres de boissons vides.

Quand les gardes débarquèrent, ils reculèrent spontanément et regardèrent le jeune couple avec admiration. Les enfants cherchaient à se mettre devant. Les femmes tendaient le cou vers Ankhesenamon. Les deux adolescents ne cessaient d'observer à droite et à gauche. Aÿ ne quittait pas leur char des yeux. Il se pencha vers sa femme qui évitait de donner son avis lorsqu'il s'agissait de l'État. Celle-ci l'avait rejoint en souriant, elle aussi. Elle semblait moins inquiète que son époux. Aussi glissa-t-elle sa main dans celle d'Aÿ pour le réconforter. Il la regarda tendrement et s'excusa de son manque d'attention.

– La famille royale passe avant notre propre sécurité, lui dit-elle. Je suis satisfaite que Toutankhamon ait décidé de débarquer à Thèbes. Il s'agit tout de même de la ville la plus importante d'Égypte avec Memphis.

– Tu ne cites pas Akhetaton...

La fidèle épouse d'Aÿ reconnut qu'elle n'avait guère foi en l'avenir de cette ville et qu'elle avait plaisir à revenir à Thèbes.

– Moi aussi, dit Aÿ.

– Toi, mon cher époux, tu y revenais de temps à autre pour affaires. Moi, je ne suis revenue ici que très rarement et j'ai l'impression que cette parenthèse d'une dizaine d'années a été très longue.

– Sans doute s'achève-t-elle, avança Aÿ en regardant de nouveau derrière lui pour voir si le jeune couple n'était pas injurié par la foule.

Peu à peu les habitants se firent plus rares. Les chars s'éloignaient du débarcadère.

– Nous allons bientôt arriver au palais, dit la femme d'Aÿ. Tout s'est bien passé. Les Égyptiennes regardent Ankhesenamon avec admiration et amour. Je suis certaine qu'elles recherchent en elle des traits de Néfertiti...

– Qui était haïe !

L'ancienne nourrice n'était pas de cet avis.

– Crois-tu vraiment que le peuple la haïssait alors qu'elle a lancé des modes ? Elle était admirée et crainte. Trop de femmes voulaient lui ressembler.

– Depuis sa disparition, les choses ont changé...

– Je n'en crois rien en ce qui concerne Néfertiti. Il restera toujours dans le cœur des Égyptiennes une pointe de regret et d'affection pour cette reine hors du commun.

– Personne ne se souviendra plus d'elle ni d'Akhenaton dans quelques mois...

– Je ne suis décidément pas de ton avis, Aÿ. Je suis prête à parier avec toi que Néfertiti ne sera pas oubliée de sitôt !

Le père Aÿ haussa les épaules.

– Les femmes m'étonneront toujours, répondit-il en voyant avec soulagement le mur encerclant le parc du palais. Pourquoi ma fille que j'adorais résisterait-elle au temps et à la haine ? Tu dis sans doute cela pour me plaire. Je suis plus objectif que toi...

– Nous verrons, répondit sa femme en prenant son petit sac et son miroir. Toutankhamon et Ankhesenamon sont déjà descendus.

– Je vais les rejoindre. Je préfère être à l'intérieur du parc.

Le chef d'escorte se présenta une nouvelle fois devant lui.

– Vite ! Dispose tes hommes le long de cette enceinte. Que personne ne puisse escalader ce mur sans être vu ! Qu'aucun étranger ne pénètre dans le palais !

– J'y veillerai.

– Quand Horemheb arrivera, tu recevras ses ordres. Ils seront plus appropriés que les miens car je ne suis pas général. Tous les chars sont-ils enfin dans le parc ?

– Oui, prêtre. Tout le monde est arrivé. La foule s'est tue devant le cortège. Nous n'avons surpris personne, les armes à la main. Les paysans ont même déposé leur fourche à leurs pieds de peur d'être arrêtés.

Le gestionnaire de Malqatta, radieux, était déjà couché devant Toutankhamon et Ankhesenamon.

– Je suis tellement heureux de recevoir enfin des membres de la famille royale à Thèbes ! Je n'osais croire cela possible ! J'ai accepté de me rendre à Akhetaton. Ma femme sert la reine le mieux possible. Mais notre rêve était de revenir ici.

Il avait les larmes aux yeux et beaucoup d'émotion changeait sa voix légèrement tremblante.

– Relève-toi, lui dit Toutankhamon, presque aussi ému que lui. Je ne comprends pas pourquoi ces murs, ce parc, ce palais que nous ne connaissons pas m'attirent tant. Je sens que je vais me plaire beaucoup ici. Nous y vivrons des moments rares et nous les partagerons avec tous les Thébains.

L'Égyptien se coucha davantage, les bras étendus devant lui.

– Tu peux te redresser, ajouta Ankhesenamon. Je suis de l'avis de Toutankhamon et j'ai hâte de découvrir la ville. Peut-être pourras-tu nous la faire visiter en compagnie de mon grand-père, le divin père Aÿ ?

– Ce sera un si grand honneur ! J'espère être à la hauteur !

– Thèbes ne doit pas avoir de meilleur guide que toi !

– Cette ville a besoin de la générosité de Pharaon pour retrouver sa splendeur. Elle est sale. Les statues, les pylônes, les murs, les temples ont été martelés ou détruits. Nous devons tout reconstruire. Ces travaux et ces chantiers coûteront très cher et seront extrêmement longs.

– Je crois savoir que tout a été décidé à ce sujet et que des carrières ont été réouvertes pour réussir au mieux cette renaissance, dit Toutankhamon.

– Que les dieux soient bénis !

– Les statues d'Amon qui ont été détruites seront reconstruites. Les noms célèbres qui ont été effacés seront réécrits. Semenkharê avait commencé le travail de rénovation. Nous le continuerons.

Aÿ invita le jeune couple à entrer.

– Je vais moi-même vous faire une visite rapide des lieux, dit-il. Vous aurez tout le temps d'approfondir la découverte de ces pièces car nous ne repartirons pas tout de suite pour Akhetaton. Quand je vous aurai montré l'essentiel, je veux vous parler du programme des prochains jours. Il est chargé et primordial. Rien ne doit être laissé au hasard.

Les fonctionnaires étaient maintenant tous descendus de leur char. Ils observaient le parc, levaient la tête vers les fenêtres, riaient des animaux qui se promenaient en toute liberté dans le jardin, se promettaient d'aller faire dès que possible une promenade sur la pièce d'eau et d'aller déguster de nouveaux plats dans les kiosques ombragés.

Ceux qui connaissaient les lieux expliquaient aux

autres en quoi consistait, autrefois, la vie au palais thébain et les raisons qui avaient poussé le pharaon Aménophis III à habiter à Thèbes-Ouest.

– Je crois que nous avons bien fait de revenir ici, dit Aÿ à sa femme en la prenant par les épaules avec beaucoup de tendresse. Regarde-les ! Ils sont tous ravis d'être là !

– L'influence d'Amon est sans doute bénéfique !

– Le dieu a dû comprendre que nous allions lui rendre ses biens et qu'il allait être au centre de toutes les festivités. Seuls ceux qui ont beaucoup perdu avec l'abandon du culte d'Aton paraissent moroses.

L'ancienne nourrice observa les traits figés et tristes de Méni qui avait réussi à faire partie du voyage. Panéhésy semblait donner le change sans conviction.

– Il faut les comprendre. Ils ont tout perdu !

– Ils ont accumulé une fortune pendant des années. Ils vivent comme des rois. Ils ont été honorés autant que le dieu Aton. Panéhésy a retrouvé une place enviable auprès de la reine.

– Ils voulaient continuer à vivre comme avant. En venant ici, ils savent qu'ils sont indésirables et que les prêtres d'Amon les ignoreront. Donne seulement les pleins pouvoirs aux Grands Prêtres de Karnak et ils auront hâte de partir en exil pour éviter les semonces et les affronts !

– Cher époux, tu as travaillé avec eux. Ils étaient tes amis. Que comptes-tu faire pour eux ? Leur proposer d'autres postes ?

Aÿ devint sévère et grave. Il n'avait plus envie de discuter de ce sujet.

– Je dois, auparavant, m'assurer de leur fidélité et de leur dévouement. J'ai de bonnes raisons de penser qu'ils ont tourné le dos à Pharaon.

– Allons ! Tout cela est insensé !

– Toutankhamon et Ankhesenamon m'attendent. Dans leur hâte de découvrir le palais, ils sont déjà dans le vestibule. Les fonctionnaires nous suivent. Nous ne pouvons entamer cette discussion sur le seuil. Je rejoins Toutankhamon...

– Mais promets-moi de m'expliquer ce que tout cela signifie... dit l'épouse d'Aÿ en lui prenant le bras.

– Il s'agit de secrets d'État et je ne sais si...

Mais devant l'air déterminé de sa femme, le prêtre céda. Il espérait peut-être tirer de cette femme exceptionnelle quelques conseils judicieux comme à son habitude.

– Je te jure, par Amon, de te donner tous les détails dès ce soir.

– Je te rappellerai ton engagement.

– Ce ne sera pas nécessaire. À moins que le banquet ne dure très tard et qu'il ne se termine à l'aube – ce qui est possible –, tu connaîtras tout à l'heure le fond de ma pensée. Au plus tard, je te mettrai au courant demain matin.

– Je ne dormirai pas sans en savoir plus ! Tu as aiguisé ma curiosité et je pense que tu peux te tromper...

– Je reconnais que l'erreur est humaine et que tu m'éclaires souvent de tes conseils précieux. J'ai précisément besoin de consulter une personne sûre, intelligente et perspicace.

– Allons, va rejoindre les enfants... et cesse de me flatter !

XVII

Toutankhamon et Ankhesenamon étaient ravis de se trouver dans l'ancien palais d'Aménophis III qui n'était plus habité depuis une dizaine d'années. Les ouvriers avaient remis en état les murs et les salles, refaisant si nécessaire le ravalement. Certains artisans travaillaient encore sur la façade. Ils recouvraient les briques de plâtre et ajoutaient, parfois, un nouvel ornement.

Le jeune couple regrettait de n'avoir pas tout vu dans cet espace immense où les jardins étaient embellis de pièces d'eau et où les appartements de la famille royale, de ses amis et des concubines du roi étaient nombreux et vastes.

En traversant les pièces, Toutankhamon ne cessait de penser que son père et son grand-père avaient déambulé avant lui dans ces salles, qu'ils avaient reçu les tributaires de l'Égypte comme le rappelaient, parfois, les motifs muraux. Ankhesenamon s'étonnait de voir des animaux qu'elle ne connaissait pas. Devant tant d'agitation et de découvertes, Aÿ avait beaucoup de mal à réunir les deux adolescents et à les garder concentrés.

– Il faut savoir, leur dit-il sans ménagement, que votre vie dépend de tout ce que vous serez capables de retenir avant le couronnement. Si tout se passe bien, nous serons sauvés pour le moment. Si vous faites ou dites des erreurs, le clergé d'Amon et le peuple ne vous le pardonneront pas. Ils sont tous las des positions d'Akhenaton. Semenkharê avait à peine commencé son programme. Ils ne veulent plus de promesses mais des réalisations concrètes !

– Comprends-nous, lui répondit Toutankhamon avec naïveté. À côté de ce palais gigantesque, Akhetaton était un lieu privilégié et magnifique mais pas aussi prestigieux ! Mon cœur bat quand je me réveille chaque matin en ces lieux.

– Je suis dans le même état d'esprit, renchérit Ankhesenamon.

Aÿ dut faire la leçon aux deux êtres qu'il souhaitait le plus protéger. Il leur transmit ses ordres et leur interdit de désobéir. Maintenant que sa femme était au courant des doutes de son mari sur la fidélité des serviteurs d'Aton et qu'elle avait réussi à les atténuer, le prêtre se sentait plus sûr de lui.

Le jour du couronnement arriva enfin dans l'allégresse générale. Toutankhamon suivit, au hiéroglyphe près, les instructions du prêtre. On le conduisit de bon matin au temple de Karnak qu'il n'avait pas encore fini de visiter. Il s'arrêta devant le premier pylône. À l'intérieur de la cour, s'étaient rassemblés les prêtres d'Amon qu'Akhenaton avait abandonnés et rejetés. La foule, massée à l'extérieur, regardait en silence. Qu'allait-il se passer ?

– Le moment est venu, dit Aÿ en encourageant Toutankhamon. Comment te sens-tu ?

– Parfaitement bien. Je ne crains rien. Je n'ai jamais insulté Amon.

Toutankhamon s'avança vers les prêtres qui restèrent impassibles. Le crâne rasé, une peau de panthère sur les épaules, ils n'avaient pas coutume de sourire. En ce jour important, leur gravité n'avait rien d'étonnant.

Toutankhamon se rendit compte qu'il n'obtiendrait aucune aide du clergé d'Amon et qu'il devrait se montrer patient. Ils conduisirent le jeune garçon près de quatre vases en or et puisèrent l'eau qui se trouvait à l'intérieur. Puis ils purifièrent Toutankhamon devant l'ensemble des prêtres. Aÿ se tenait volontairement à l'écart pour ne pas donner l'impression d'imposer Toutankhamon au clergé.

– Maintenant que tu es pur, dit l'un des Grands Prêtres en le regardant avec des yeux brillants et intimidants, tu peux entrer dans la demeure d'Amon. Ton père y est venu. Il y a habité. Il a restauré et embelli des temples et des salles. Et puis, il est parti, un jour, vivre dans une ville maudite et a tourné le dos au plus grand dieu de l'Égypte.

Ne s'attendant pas à une telle attaque, Aÿ jeta un regard désapprobateur au Grand Prêtre et promit de se venger. Il redouta la réponse de Toutankhamon. « Il serait préférable qu'il se taise », se dit-il. Mais connaissant l'esprit retors et rancunier de Toutankhamon, Aÿ doutait qu'il garderait le silence. Sa réponse se fit, cependant, attendre. Comme le Grand Prêtre allait se mettre à la tête de la procession, Toutankhamon le rappela à l'ordre.

– Je voulais être sûr que tu aies fini de parler, Grand Prêtre, car j'ai une vénération infini pour le clergé d'Amon. Je vois que tu as terminé et j'ose espérer que tu auras à mon égard, futur pharaon, la même politesse que celle que j'ai à ton égard.

Le Grand Prêtre s'arrêta et revint vers l'adolescent.

– Je serai attentif à tes paroles.

– Tu viens de parler de mon père, dit Toutankhamon.

– En effet.

– Tu es, dans ce cas, plus informé que je ne le suis car je ne connais pas le nom de mon père.

Aÿ sourit intérieurement. Le visage stupéfait du Grand Prêtre, qui se demandait si Toutankhamon se moquait de lui, l'amusa beaucoup. « Que répondre à cela ? »

– Je parlais d'Akhenaton, précisa le Grand Prêtre. Tout le monde sait qu'Akhenaton était ton père.

– Je n'en ai moi-même aucune certitude et je m'étonne que tu écoutes les racontars plutôt que ma propre version. Aménophis III est peut-être mon père. Il l'est officiellement. Ce pharaon n'en a jamais douté. J'ai d'ailleurs l'intention de lui rendre hommage comme un fils à son père.

Après un instant de stupéfaction, le Grand Prêtre reprit.

– Je comprends maintenant ta stratégie, dit-il. On t'a bien conseillé. Il vaut sans doute mieux être le fils de...

– Ne prononce pas des paroles que tu pourrais regretter, Grand Prêtre, dit Toutankhamon en se contenant avec peine tant il avait d'admiration et d'amour pour Akhenaton. Les actes des pharaons ne sont jamais répréhensibles. Les rois agissent sous l'impulsion des dieux et les servent le mieux possible. Nous savons tous pourquoi Akhenaton (il allait ajouter « le plus grand des pharaons » mais y renonça) a choisi cette politique ou cette religion. Un roi doit faire des choix. Il est seul à décider après avoir écouté ses conseillers. Nous régnons tous pour le bienfait du peuple égyptien, du clergé et de tous ceux qui gouvernent à nos côtés. Akhenaton a rejoint le royaume des Bienheureux parce qu'il n'a pas commis d'erreur. Si tu veux le juger après Osiris et si tu prétends mieux faire que le dieu des Morts, prends garde que les divinités ne te punissent pour ta démesure.

« Comment un garçon si jeune peut-il trouver de tels raisonnements ? se dit Aÿ. Amon l'a aidé. Amon le guide. Amon le protégera. »

Mettant fin à toute discussion, Toutankhamon prit la tête du cortège qui progressa très lentement. Le jeune garçon fut très impressionné par les obélisques de Thoutmosis et d'Hatchepsout et par les aménagements d'Aménophis et d'Akhenaton. Toutankhamon suivait les instructions du Grand Prêtre. Il accomplit des rites qui lui semblèrent étranges. Il récita des hymnes et des textes inconnus en les répétant après les prêtres d'Amon.

– Voilà le grand moment, dit Aÿ à son épouse. Le Grand Prêtre va enfin montrer au futur roi la couronne blanche de Haute-Égypte et la couronne rouge de Basse-Égypte.

Le Grand Prêtre les posa successivement sur la tête de Toutankhamon en disant :

– Tu es le roi du Double Pays, le Seigneur de Haute et de Basse-Égypte.

Le Grand Prêtre recouvrit son chef du *khepresh*.

– Tu deviens maintenant le responsable de l'armée.

Toutankhamon eut alors envie de se retourner vers le général Horemheb qui aurait plus que lui mérité ce titre mais il s'abstint.

– Toutankhamon ! ajouta le Grand Prêtre. Maintenant que tu portes les trois coiffes qui donnent le pouvoir suprême, tu es le plus puissant de tous les hommes. Ces couronnes et ces coiffes ont, en effet, un effet magique. En portant les deux couronnes, tu deviens roi. En te recouvrant du *khepresh*, tu es invincible.

Toutankhamon prit le temps de regarder les coiffes et de les toucher.

– Elles ont appartenu à tes ancêtres, lui dit le Grand Prêtre. Tu ne pourras emporter ces couronnes dans ta tombe. Elles appartiendront un jour à ton fils ou à ton successeur qui les transmettra à son tour à ses héritiers.

Le cortège reprit son chemin jusqu'au trône de Toutankhamon. Celui-ci manqua défaillir en le voyant tant il était beau. Petit, entièrement doré, cet objet, que Toutankhamon découvrait, semblait rendre son couronnement plus concret.

– Que Sa Majesté s'assoie, lui dit encore le Grand Prêtre qui se montrait moins agressif depuis la leçon qu'il avait reçue.

Toutankhamon caressa les magnifiques accoudoirs dorés en forme de gueules de lions et posa ses pieds à plat sur un coussin assorti au trône. Bien calé, le dos parfaitement droit, la tête haute, il attendait la suite des événements sans être autrement intimidé.

Tous les prêtres baissèrent alors la nuque et se recueillirent. Intrigué, Toutankhamon tourna la tête vers un prêtre pur qui lui apportait sur un coussin son sceptre et son chasse-mouche.

– Te voilà à la fois Seigneur et enfant du peuple, lui expliqua le Grand Prêtre. Tu portes le symbole royal et celui de l'homme ordinaire. Ils sont plus petits que ceux de tes ancêtres car tu es encore jeune. Mais nous en fabriquerons de plus grands dans quelques mois.

Tout en les regardant, Toutankhamon vit nettement le nom du dieu Aton. Il s'en étonna mais ne dit rien en reportant à plus tard les explications. « Aÿ répondra à toutes mes questions. »

Le Grand Prêtre d'Amon récita ses titres en commençant par celui d'Horus.

– Taureau puissant, ami d'Horus lié à la renaissance, Complice de la déesse cobra Outo et de la déesse vautour Nekhbet, Législateur excellent, Pacificateur juste des dieux et des hommes, Respectueux de l'Ordre, « Rê est le Seigneur », « Nebkhepérourê », roi de Rê, « Fils de Rê », « Image du dieu Soleil Aton ». Que certains de ces noms figurent dans ton cartouche.

Toutankhamon comprit que le Grand Prêtre devait encore tenir compte de son ancien nom, le dernier n'ayant pas été officialisé. « Il doit avoir beaucoup de mal à prononcer le nom d'Aton sans penser à mon père », se dit-il.

Ankhesenamon ne perdait rien de cette cérémonie. Elle se souvenait avec peine de celle de son époux Semenkharê. « Il est parti hier et j'ai l'impression d'avoir toujours été faite pour Toutankhamon. Dans quelques mois, nous l'aurons tous oublié. Il était pourtant aimant et juste. Tout est si différent dans cet endroit à la gloire d'Amon. Est-ce bien dans cette même vie que j'ai épousé Semenkharê et que mon père a honoré Aton en faisant fi de la religion égyptienne ? Je ne soupçonnais pas quels étaient les cultes de nos ancêtres. Je les croyais dénués d'importance, sans intérêt. Au lieu de quoi, ils sont plus impressionnants que ceux d'Aton. Les registres d'Akhetaton se referment-ils pour toujours ? Les scribes détruiront-ils la Maison de vie de la nouvelle ville ? La correspondance de mon père avec les autres rois sera-t-elle définitivement enterrée ? »

Ankhesenamon s'imaginait guidée par l'étoile d'Amon. Elle qui avait tant de fois supplié Semenkharê de rester à Akhetaton et d'oublier Thèbes n'avait d'yeux que pour le temple de Karnak, éblouissant de grandeur et de majesté. Quand les chants montèrent vers le sommet des obélisques, elle frémit et pleura presque de bien-être. Aÿ était fier de Toutankhamon.

– Je suis très honoré, dit celui-ci en se levant devant les prêtres rassemblés.

– Pourquoi Toutankhamon parle-t-il déjà ? demanda l'épouse d'Aÿ à son mari. Ne devait-il pas prononcer son discours plus tard.

– En effet.

– Mon prédécesseur, le juste Semenkharê, avait commencé à vénérer Amon et à donner à ce dieu exceptionnel tout ce qu'il avait perdu. Il est équitable que cette divinité, symbole de Thèbes, retrouve l'intégralité de ses biens.

Toutankhamon avait détaché chaque syllabe du mot « intégralité » en observant la réaction des prêtres.

– Ne mettez jamais la parole de Pharaon en doute.

Ankhesenamon l'approuva de la tête.

– Les autres dieux n'en seront pas moins honorés. Je veux (Toutankhamon répéta ces deux mots avec une certaine autorité) que les Égyptiens restaurent tous les cultes.

L'épouse d'Aÿ se pencha vers son mari.

– Pourquoi insiste-t-il ? Ces phrases qui interrompent le sacrement ne sont pas nécessaires. Toutankhamon va irriter les prêtres d'Amon...

– Nous ne pouvons pas l'interrompre.

Horemheb, qui avait compris, lui aussi, que le prince risquait de gâcher la cérémonie, simula des représailles.

– Repoussez ces jeunes curieux avec énergie, dit-il à dix de ses hommes.

Sachant que cet ordre lancé contre des Thébains, qui avaient l'autorisation d'assister à certains rites du couronnement, soulèverait un grand mécontentement dans l'assistance, le général espérait ainsi distraire les Égyptiens.

Face au tumulte qui s'ensuivit, Toutankhamon s'interrompit et demanda ce qui se passait. Il fit appeler Horemheb.

– Mon général tient à ma sécurité et je l'en remercie. Tous les Égyptiens sont, cependant, conviés à la fête qui suivra. Les Thébains seront tous satisfaits car ils recevront des présents fabuleux.

Oubliant la suite de son intervention, Toutankhamon laissa les chanteuses reprendre les hymnes. Aÿ et Horemheb se regardèrent et poussèrent ensemble un soupir de soulagement.

– J'honorerai les dieux qui me donnent le pouvoir, répéta Toutankhamon après le Grand Prêtre. Je protégerai le territoire de l'Égypte. J'aurai toujours conscience qu'il ne m'appartient pas mais que les dieux me le prêtent pendant la durée de mon règne. Je repousserai les ennemis et tenterai d'accroître ce royaume. Jamais je ne tolérerai que des étrangers s'en emparent !

– Toutankhamon, Taureau puissant, répète encore après moi, dit le Grand Prêtre. Je ne baisserai jamais la tête face aux adversaires. Je ferai de mes enfants les héritiers de ce royaume. Les fils que j'aurai avec la Grande Épouse recevront une éducation adaptée qui leur permettra un jour de régner. Je serai juste et bon. J'écouterai aussi bien les riches que les pauvres. Je consulterai les scribes avant de décider du montant des impôts. Je trancherai au tribunal. Je ferai construire des temples pour les dieux. Je recevrai les amis de l'Égypte.

Toutankhamon prononçait chaque phrase sur un ton monotone. Ces engagements sans originalité lui semblaient désuets. « Le peuple entend-il seulement ces mots ou ces litanies lui passent-elles au-dessus de la tête ? » Il avait envie de parler ouvertement et de déclarer avec ses expressions personnelles son envie de plaire au peuple, aux nobles et aux prêtres. Il souhaitait également parler de son épouse et la présenter aux Thébains.

– Toutankhamon pourrait y mettre un peu plus de conviction ! murmura Horemheb.

– Il se comporte avec beaucoup de classe et de distinction, répondit Moutenejmet qui défendait systématiquement le nouveau couple royal. Je le trouve plein de charme. Sa jeunesse illumine le temple. Sa jeune femme est resplendissante de bonheur.

– Tu parles comme une Égyptienne ordinaire.

– J'avoue être très conquise, Horemheb. Toutankhamon est un peu maladroit. Mais il nous a montré qu'il était aussi impulsif et sincère.

– Qu'il fasse ce qu'on lui demande de faire...

– Crois-moi, Horemheb, ajouta Moutenejmet en lui prenant la main, Toutankhamon séduit son auditoire. Regarde ! Tout le monde l'écoute, le sourire aux lèvres. Les prêtres ont retrouvé un visage en paix. Les murs vibrent d'amour, d'espoir et d'émotion.

XVIII

Toutankhamon commença enfin son discours officiel qui avait été écrit par Aÿ. Mais le nouveau roi préféra ajouter des remarques personnelles qui firent frémir les dirigeants.

– Mon père surveilla mon éducation depuis ma plus petite enfance. Aujourd'hui, je deviens roi alors que je suis encore très jeune. Les notables embrassent la poussière devant moi car je suis le fils aîné du roi. J'ai commencé par écouter mes cours et par écrire quelques rapports. Je serai chef des fantassins et de la charrerie. J'ai été présenté au peuple très jeune. Mon père aurait sans doute aimé que je sois couronné devant lui. Il aurait pu choisir mes servantes, les femmes de mon harem, mes musiciennes et ma femme. Mon père est mort avant de voir tout cela mais je suis sûr qu'il approuve nos choix.

Toutankhamon poursuivit sur un ton chaleureux et enthousiaste. Il évoquait un père dont il ne connaissait pas l'identité et laissait la foule interrogative.

– J'aurais tant voulu que mon père mît lui-même sur ma tête la double couronne et me serrât contre lui pour me transmettre le pouvoir magique.

Après ce discours qui fit grande impression, des hauts fonctionnaires se retirèrent pour établir un rapport sur ce couronnement. Des messages furent envoyés à tous les notables du pays. Aÿ avalisa le texte que lui proposa l'un des scribes : « Nous vous faisons savoir que le roi s'est assis en Haute et Basse-Égypte sur le trône d'Horus. Tu enverras des offrandes aux dieux du Sud et des hymnes de vie, de santé et de puissance. »

Comme Toutankhamon avait promis de restaurer les temples de l'« Héliopolis du Sud » le plus rapidement possible et que certaines portes en bois orné d'or et de cuivre n'étaient plus que cendres et poussière, il fut également ajouté dans les textes, à sa demande, que les monuments seraient tous embellis.

Des notables rejoignirent Toutankhamon dans le temple de Karnak et passèrent devant les obélisques de Thoutmosis Ier et de Thoutmosis III. Un prêtre avait placé un masque d'Horus sur son visage. Il s'empara du poignet du roi et le pria de le suivre jusqu'au pylône construit par Thoutmosis Ier. Ils arrivèrent dans l'Ipesout et s'arrêtèrent devant le linteau gigantesque de la porte en calcaire d'une vingtaine de coudées. Toutankhamon contempla Thoutmosis Ier fêtant son jubilé représenté dans la pierre. Un assistant s'approcha et prit les traits d'Atoum. Toutankhamon fut de nouveau purifié. Il se plaça dans un large bassin tandis que des prêtres portant les masques de Thot, dieu de l'écriture, de Seth, d'Horus et de Dounaouy s'installaient aux quatre coins symbolisant les points cardinaux. À l'aide d'une aiguière en or, ils répandirent de l'eau sur le corps du roi.

Toutankhamon fut guidé vers la maison du roi où se trouvaient les obélisques d'Hatchepsout. Des statues osiriaques de Thoutmosis IV et de Thoutmosis III ornaient la salle jubilaire aux colonnes gigantesques. Le roi avança dans une chapelle où il rencontra la déesse cobra qui fut placée sur son front.

Après avoir été purifié et initié aux rites du serpent, Toutankhamon, qui avait déjà été coiffé du mortier rouge et de la mitre blanche reçut un bandeau, seule coiffe qu'il pourrait conserver après sa mort, les plumes et la couronne *atef*. Puis il poursuivit sa promenade à travers les pylônes avant de gagner un *naos* en granit rose encadré de statues. Là, il s'agenouilla et fut de nouveau coiffé du *khepresh*. Il sentit aussitôt le souffle du dieu sur ses épaules.

– Tu as reçu tous tes titres, lui rappela un prêtre vêtu d'une peau de fauve. Mais la cérémonie n'est pas terminée.

N'osant rien ajouter, Toutankhamon, qui était très ému, profitait de ces instants uniques. Dans l'obscurité, il semblait en parfaite communion avec le dieu Amon. Les colosses osiriaques, qui protégeaient le *naos* au socle en grès, paraissaient revivre sous l'éclat du soleil. Les rais frappaient les yeux expressifs des aïeux de Toutankhamon comme s'ils approuvaient ce couronnement. Le jeune garçon était devenu pâle. Il reçut les toiles qui recouvriraient ses perruques des mains même du prêtre.

Tous les notables l'appelaient dorénavant par l'ensemble de ses titres : « Horus entouré du Vautour et du Cobra », symbole d'éternité, « Horus d'or préservant le peuple égyptien du malheur », « Souverain du Nord et du Sud », « Défenseur du territoire, plein de bonheur et signe de renaissance », « Lumineux et régénérateur comme le soleil », « Nebkhepérourê », « Seigneur des mutations comme Rê », « Fils de Rê Toutankhaton ».

– Amon est ton père, Toutankhaton, rappela encore l'un des Grands Prêtres en l'appelant par son ancien nom. Tu feras ton devoir.

Toutankhamon revêtit le *khepresh* et se promit de faire ériger, dès que possible, une statue le représentant ainsi dans le temple de Karnak.

– On peut commencer le rite, dit un prêtre.

Toutankhamon demanda plus de renseignements à ce sujet.

– Il s'agit d'un très vieux cérémonial, lui expliqua-t-on. Tu devras faire une course rappelant celle effectuée autour du temple de Memphis.

– Quelles étranges habitudes...

– Ce n'est pas tout, reprit le prêtre un peu gêné.

Aÿ s'approcha de Toutankhamon pour lui fournir des explications.

– Tous les pharaons avaient l'habitude de lancer leurs flèches dans des cibles, de dompter des fauves et de faire preuve de leur force pendant la cérémonie d'investiture...

– J'ai entendu parler des fêtes-sed pendant lesquelles les pharaons démontrent qu'ils sont toujours aussi forts.

– Les jubilés permettent aux rois de faire leurs preuves, mais il est essentiel de commencer dès leur avènement.

– Très bien ! répondit Toutankhamon en se levant. Donnez-moi un équipement et des vêtements appropriés ! Je me plierai aux coutumes égyptiennes ! Je ne crains rien ni personne !

– Tu ne combattras pas contre un lion, dit Aÿ. Je m'y oppose formellement. Tu es trop jeune !

Très vexé, Toutankhamon exigea d'être traité comme les autres rois.

– Nous avons tout prévu, murmura Aÿ. Ne gâche pas cette cérémonie. Ankhesenamon ne doit pas perdre son époux le jour de son couronnement ! Tu vas porter ce bouclier et tu feras dans cette cour, les gestes que l'on te dira de faire. Au lieu de tirer des flèches, tu banderas l'arc et la foule applaudira. Tu mimeras également une lutte avec un lion.

– Je m'y refuse ! clama Toutankhamon.

– Ne fais pas de difficultés, dit Horemheb en approchant. Tu auras l'occasion de montret ta puissance plus tard. Aujourd'hui, tu es jeune et chétif. Nous ne voulons pas risquer de perdre notre roi !

Toutankhamon dut se plier aux ordres du général. Il s'empara du crochet, symbole de son pouvoir sur le sud du pays, et du chasse-mouche, signe de sa puissance dans le nord de l'Égypte.

– Aÿ, demanda Toutankhamon pendant que des chanteuses entamaient un nouvel hymne à la gloire d'Amon, je m'étonne de voir sur le dossier de mon siège, sur mon sceptre, sur le manche de mon chasse-mouche les noms d'Aton et d'Amon mêlés. Le globe solaire est partout présent...

– Comment gommer en une journée la présence d'Aton ?

– Devrais-je conserver pendant tout mon règne le nom d'Aton accolé au mien ?

– Il sera inscrit sur de nombreux objets. Nous verrons dans les années qui viennent si nous le supprimons ou non.

Sous la conduite des prêtres, Toutankhamon revint vers le centre du temple puis pénétra dans le sanctuaire où se trouvait la barque d'Amon. Il entra dans la salle des offrandes et avança, très ému, dans le saint des saints.

– Suis-nous dans la salle des fêtes, lui dit Aÿ.

Toutankhamon se retrouva bientôt face à la statue imposante d'Amon. On l'initia aux principaux rites. Quand il entra dans la cour où était entretenu un perséa, il se pencha au-dessus de l'arbre et salua le dieu Thot.

– Le dieu te promet de très nombreux jubilés, lui dit Aÿ.

– Je l'espère. Pour le moment, je me dois de montrer ma force et mon agilité.

Il suivit Aÿ jusqu'à une baraque en bois spécialement installée pour le couronnement.

– Tu trouveras à l'intérieur des habits adaptés aux épreuves que l'on te demande d'exécuter, lui expliqua le prêtre.

– Des épreuves ? Tu veux parler de ce simulacre ridicule que m'impose Horemheb. Je vais être stupide et tous les Égyptiens se moqueront de moi !

– N'en crois rien, Toutankhamon. Le peuple t'applaudira.

– Mais il n'en pensera pas moins ! J'étais capable de tirer de l'arc et de viser juste. Je cours vite. Je sais parfaitement monter à cheval et je peux aussi battre un lion !

– Ne sois pas présomptueux. Tu n'as jamais lutté avec un fauve.

– Laisse-moi, au moins, accomplir les autres épreuves. Qu'importe si ma flèche n'entre pas dans la cible. J'ai toujours été adroit !

– Et si tu es aveuglé par le soleil ?

– Alors je courrai !

– La cérémonie est planifiée. Si tu ne te plies pas au programme que nous avons établi, tu n'auras pas le temps de te rendre dans les villages où t'attendent les Égyptiens. Crois-moi, il vaut mieux aller à la rencontre du peuple...

Toutankhamon entra dans la baraque et se changea rapidement. Il en sortit avec son arc et son carquois.

– Bien ! Allons-y ! Tu referas très exactement les gestes que te montrera l'archer d'Horemheb.

Toutankhamon haussa les épaules et le suivit à contrecœur. Il obéit au général et reçut les acclamations de la foule comme s'il avait accompli des exploits.

– Que va-t-il se passer maintenant ? demanda-t-il à Horemheb qui l'entraîna à son tour vers un autre baraquement pour qu'il changeât de nouveau de tenue.

– Je te félicite, Toutankhamon. Tu as été parfait.

– J'espère avoir l'occasion très prochainement de montrer ce dont je suis réellement capable.

– Nous allons organiser des jeux athlétiques et hippiques. Rassure-toi. Tous les princes y participeront. Si tu souhaites te mesurer à eux, tu le pourras. Mais tâche d'être le meilleur !

– Je l'ai toujours emporté sur les princes qui ont reçu le même entraînement que moi.

– Je sais de quoi tu es capable. Certains sont, cependant, plus robustes que toi...

Pendant qu'il se changeait, Toutankhamon poursuivait sa discussion avec le général. Il avait retrouvé sa bonne humeur.

– Nous avons pris un peu de retard sur le programme, lui apprit Horemheb. Hâtons-nous... Nous allons quitter le temple.

Toutankhamon sortit par le pylône d'Aménophis III qui ne le laissa pas indifférent.

– Veux-tu vraiment rentrer à Malqatta ? lui demanda Horemheb.

– Absolument ! Le palais est plus pratique et mieux entretenu. Je me plais sur la rive ouest de Thèbes. La cérémonie est-elle terminée ?

– Non. Tu vas monter dans ton char en or et en électrum et tu vas faire face au peuple qui t'attend.

Sur la caisse du char avaient été représentées les plantes du Sud et du Nord entrecroisées.. Des sculpteurs avaient également dessiné les vassaux de l'Égypte, agenouillés, les pieds et les mains attachés, pour rappeler que le jeune roi les dominait.

Après avoir été acclamé par la foule, Toutankhamon

se pencha de nouveau vers Aÿ et lui demanda quelle était la suite du programme. La reine le rejoignit et monta, elle aussi, dans le char sous les acclamations. Les vivats étaient encore plus fournis à son égard qu'à l'adresse du roi.

– Vous allez avancer vers le sud, aller de village en village pour vous montrer. Ce parcours prendra fin dans le petit temple d'Amon.

– Je suis sûre que ce ne sera pas dangereux, dit Ankhesenamon.

– Vous êtes très encadrés. Le peuple a reçu tellement de victuailles et de boissons qu'il est enchanté. Il dansera sur votre passage car il attend de vous que vous redressiez Thèbes. La gloire d'Amon est prête à renaître grâce à vous ! Horemheb a libéré tous les prisonniers. Aucun prêtre d'Amon ne se trouve plus au cachot.

– Quelle merveilleuse nouvelle ! s'exclama Ankhesenamon. Tu es vraiment bon et généreux !

– Saluez les Égyptiens et que le cortège parte en direction du sud !

Des chanteurs et des danseurs accompagnaient le parcours du nouveau roi. Aÿ avait déjà donné des ordres pour que les artistes de Karnak taillassent dans les carrières une nouvelle statue d'Amon.

– Je la veux face à Toutankhamon debout, habillé d'une peau de fauve. Les tailleurs de la cour vont confectionner pour le roi un vêtement imitant cette peau de lion. Je souhaite que cet habit égayé de multiples étoiles ressemble aux tenues de notre cher Aânen que nous avons perdu trop tôt. Mon frère est toujours représenté ainsi sur les statues.

Bien d'autres statues furent commandées par Horemheb.

Dès qu'ils eurent terminé le tour des villages, Toutankhamon et Ankhesenamon furent heureux de se retrouver à Malqatta.

– Veux-tu vivre ici ? lui demanda le roi.

– J'avoue que Thèbes m'attire mais il est difficile d'oublier Akhetaton du jour au lendemain !

– Nous devons y retourner bientôt. Nous aviserons alors.

Ils s'accordèrent quelques instants d'intimité avant le festin du soir et se rappelèrent leur mariage.

– Les registres du temple se trouvent à Akhetaton.

– Nous les rapporterons ici, si nécessaire, expliqua le roi.

Toutankhamon s'assit sur un tabouret aux pieds dorés en forme de pattes de lion. Il ne portait qu'un pagne qui lui laissait le nombril découvert, des sandales en or, le cobra d'or sur son front et la couronne de Haute-Égypte. Les bracelets faisaient rutiler ses bras minces de jeune adolescent.

Le jeune roi tapa dans ses mains. Aussitôt arrivèrent des petites salles voisines deux serviteurs qui attendirent ses ordres. Très impressionnés de servir un nouveau pharaon, ils essayaient de comprendre ses souhaits et de le satisfaire le mieux possible.

– Apportez-moi des flacons de parfums de myrrhe, leur dit-il avec un geste élégant de la main.

Les deux jeunes serviteurs, graciles et efféminés, revinrent avec des fioles en faïence.

– Approche-toi, murmura Toutankhamon à son épouse sur les épaules de laquelle il laissa couler un parfum doux et suave.

Il se leva et prit quelques fleurs dans un vase.

– Elles sont pour toi, Ankhesenamon, dit-il.

– Je les mettrai dans mes cheveux pour le dîner.

La reine, encore coiffée du disque solaire et des plumes, s'était assise, les pieds repliés sous elle, sur le coussin où le roi avait l'habitude de poser ses pieds. Elle enserra avec beaucoup d'amour les genoux de son époux. Un large pectoral dissimulait ses seins menus à peine couverts par l'étoffe légère de sa tunique. Sa robe fendue s'ouvrit et découvrit la gracilité de ses jambes et de sa taille. Ses membres étaient dorés et très fins.

– Tu es très belle, dit Toutankhamon. Mais pourquoi ne profites-tu pas de ces rares instants pour ôter cette coiffe lourde et encombrante ?

– Il me faudrait tellement de temps pour la remettre ! Les hommes d'Aÿ ne vont pas tarder à nous faire savoir que l'on nous attend dans la salle principale.

Des sistres en bois et en argent, déposés sur une petite table en marqueterie, étaient censés protéger le couple des mauvais esprits. Trois grands coffres en ivoire contenaient les vêtements royaux.

– Donne-moi aussi cette boîte à parfum, dit Toutankhamon. Elle est là, près des lampes...

– Celle où Pharaon est reproduit sous le disque solaire ?

– Oui.

Il l'ouvrit et la plaça devant le visage de son épouse.

– Quelle merveilleuse odeur d'amande, dit-elle en respirant très fort tout en fermant les yeux.

Le roi mit un peu de parfum sur le bout de son doigt et le passa dans le cou d'Ankhesenamon. Quand il eut terminé, la reine se leva et prit sur une magnifique table d'électrum en forme de croix *ankh* un éventail d'ébonite et d'or orné de cornaline et d'ivoire. Les plumes, souples et grises, courtes et douces, effleurèrent ses joues. Elle revint auprès de Toutankhamon qu'elle éventa. Puis elle saisit, elle aussi, une fiole d'huile parfumée et en enduisit les épaules de son mari.

– Ankhesenamon, ce n'est pas l'heure de nous laisser aller au plaisir... Je le regrette, crois-le bien.

– Qu'est-ce qui te fait dire, mon cher époux, que je recherche tes faveurs ?

– Une épouse n'inonde pas les épaules et le dos de son mari d'huile délicieuse sans arrière-pensée.

– Il te faudra patienter...

– Hélas !

– Mon cher époux, je suis fière d'être ta sœur. Je veux prendre soin de toi comme le paysan s'occupe de son champ, de ses fleurs et de ses plantations, comme l'Égyptien a creusé des canaux pour irriguer ses terrains. Je ne souhaite que me promener avec toi en tenant ton bras ou ta main. Être ensemble suffit à mon bonheur. La douce musique de ta voix m'enivre. J'ai l'impression que je pourrais cesser de boire et de manger si tu restes près de moi car tu vaux tous les mets et toutes les boissons !

– Je te promets d'être sobre ce soir afin de profiter de ta tendre présence. Ton odeur me tourne la tête. Tes bras qui effleurent mes genoux me troublent.

– Toi qui es habitué à boire de l'eau, comment résisteras-tu à l'emprise des vins exceptionnels que les échansons présenteront à Pharaon ?

– Maintenant que je suis roi, je devrai montrer l'exemple. Si je ne bois que de l'eau ce soir, les invités se moqueront de moi !

– Tu t'endormiras donc avant même d'avoir regagné ta chambre !

– Non, Ankhesenamon, car je te désire plus que tout. Cependant, si ce malheur arrivait, je te consacrerai ma journée de demain et interdirai ma porte à tous !

Ils se rappelèrent leur amour par des mots tendres et simples comme deux jeunes adolescents. Les serviteurs les regardaient avec beaucuoup de tendresse. Ils étaient aussi minces et fragiles l'un que l'autre. Dans leurs vêtements d'apparat, avec leur couronne, ils semblaient habillés pour égayer une fête. Leurs bijoux, très nombreux, paraissaient trop lourds pour eux. Ils ne cessaient de se regarder dans les yeux et parlaient peu. Leurs mains s'effleuraient. Leurs caresses, subtiles, gardaient toute leur pureté. C'étaient deux enfants que l'on venait de couronner et qui portaient sur leurs épaules le destin de l'Égypte.

XIX

Le banquet fut très joyeux. Les domestiques de Malqatta croyaient rêver en voyant enfin les palais du domaine revivre. Les paysans qui habitaient aux alentours ou qui avaient retrouvé leurs fermes en ruines et qui n'aspiraient qu'à la remonter avec le limon du Nil chantaient à la belle étoile. Ils avaient reçu du pharaon des vivres et du vin en quantité impressionnante et ils se réjouissaient surtout d'habiter de nouveau à Thèbes.

Meriptah et son épouse étaient sans doute les plus heureux de tous. Eux qui avaient entretenu le domaine en l'absence de tout membre de la famille royale n'auraient jamais pu imaginer qu'il revivrait un jour.

Meriptah courait dans tous les sens. Il se rendait lui-même aux cuisines pour vérifier si tous les plats étaient prêts. Il avait voulu les mets les plus raffinés, les plus rares et les mieux présentés. Jamais encore les pâtissiers n'avaient préparé autant de desserts. Le miel coulait à flots sur les pains en forme de croissants, de monts ou de couronnes. Les chants des paysans, pourtant lointains, puisqu'ils habitaient près des colosses d'Aménophis III qui flanquaient le temple du pharaon, parvenaient jusqu'aux oreilles de Toutankhamon. Aÿ et Horemheb étaient, sans doute, les plus satisfaits et les plus soulagés. Ils avaient pris, eux aussi, le parti de rire et de profiter de la soirée après une journée longue et très éprouvante.

Les danseuses et les chanteurs avaient envahi les cours des divers palais où habitaient autrefois la reine Tiyi, le pharaon Aménophis III, son fils Aménophis IV devenu Akhenaton, la belle Kiya, favorite du pharaon, Néfertiti, la fille d'Aÿ, et de nombreux fonctionnaires de très haut rang.

Meriptah prenait sa femme dans ses bras et lui rappelait comment Aménophis III avait un jour quitté la rive est de Thèbes.

– Nous ne nous connaissions pas encore, lui dit-il. Tu étais très jeune. C'était en l'an 11 du règne. Le pharaon voulait s'éloigner des temples d'Amon...

Meriptah ne ménageait pas sa peine. Il allait d'un quartier à l'autre, passant de l'aile autrefois consacrée à Satamon au palais qu'Akhenaton avait occupé, situé plus au centre. Se faufilant entre les diverses maisons qui avaient été habitées par les hauts fonctionnaires et les serviteurs de Pharaon, Meriptah entra dans l'une des trois grandes demeures de Malqatta. Il s'arrêta à l'entrée et fut soudain freiné dans son élan par les souvenirs qui émergèrent dans son esprit.

– Ramosé... murmura-t-il.

Le haut fonctionnaire, chancelier et intendant, qui avait accepté de suivre Akhenaton et Néfertiti à Akhetaton avait laissé une trace indélébile de son passage. Personnage intelligent et indispensable à la cour, il possédait aussi l'une des plus belles tombes de Thèbes-Ouest. L'un des côtés de ce sanctuaire rappelait sa vie à la cour d'Aménophis III et de Tiyi, un autre, sa dévotion à Akhenaton dans la ville même du dieu solaire.

– Ramosé aurait tellement apprécié ce juste retour des choses...

Il referma la porte qui avait sans doute été ouverte

par le vent et se hâta vers le village des artisans et des serviteurs entièrement construit en briques crues. Il se dirigea ensuite vers le sud et longea le palais d'Aménophis III, ancienne « Demeure de Nebmaâtrê, Beauté d'Amon » qui avait également donné son nom à son nouveau palais de Moyenne-Égypte tandis qu'elle devenait « la Demeure du Jubilé » juste après la célébration de la fête-sed d'Aménophis.

– Ces jardins et ces espaces verts, si agréables lorsqu'ils sont entretenus, vont enfin avoir de la compagnie !

Meriptah se dirigea vers le lac qu'Aménophis III avait fait aménager pour la reine Tiyi en deux semaines au début du mois de l'inondation du Nil.

– Jamais aucune reine ne fut plus belle que Tiyi lorsqu'elle découvrit le cadeau de son époux et qu'elle navigua avec lui sur son bateau « Aton resplendissant ». Pourquoi le couple royal ne s'installerait pas définitivement ici ? Toutankhamon pourrait alors faire de superbes cadeaux à son épouse. Leur amour fait plaisir à voir. Nul doute qu'ils s'apprécient autant qu'Aménophis et Tiyi s'aimaient.

Meriptah regarda les étiquettes des jarres fichées en terre ou placées dans des cavités adaptées.

– Du vin du domaine de Tiyi, de celui de Satamon... J'espère qu'il n'aura pas tourné dans les transports.

Tous les convives convergèrent bientôt vers la salle principale de l'ancien palais d'Akhenaton que Toutankhamon avait choisi d'habiter, en se racontant des blagues ou en se remémorant les fêtes et les rites de la journée. La plupart faisaient des bilans. Seuls quelques adeptes inconditionnels d'Aton se taisaient et faisaient mine de se réjouir. Panéhésy observait tout. Malgré les rejouissances et la joie qui éclatait sur tous les visages, il était persuadé que tous les conflits, tous les malaises n'étaient pas réglés.

*
**

Le couple royal assista avec beaucoup de bonheur au banquet. Toutankhamon reçut l'hommage des invités qui se prosternèrent devant lui. Le spectacle fut exceptionnel. Le vin coula à flots. Malgré ses promesses, le nouveau roi but plus que de raison.

– Le peuple nous aime, disait-il sans cesse à Ankhesenamon en lui prenant la main. J'ai hâte de me retrouver avec toi.

Mais les yeux sévères d'Aÿ l'empêchaient d'en dire davantage. Le banquet se prolongea jusqu'à l'aube. Exténués, Ankhesenamon et Toutankhamon prirent congé des ambassadeurs et des fonctionnaires. Ils ne furent pas mécontents d'être enfin seuls. Comme il l'avait annoncé, Toutankhamon ordonna à ses gardes de ne laisser entrer personne avant que le soleil ne fût au plus haut dans sa course.

– Même pas le prêtre qui doit te guider dans tes prières à Amon ? demanda le scribe royal.

– Je le ferai appeler quand je le jugerai bon. La reine ne couchera pas cette nuit dans sa chambre mais dans la mienne.

Le scribe rit sous cape et se prosterna avant de laisser le couple royal seul. Aÿ vint pourtant les déranger une dernière fois.

– Demain matin, commença-t-il, je veux te voir pour faire un bilan de cette journée...

– Non, père Aÿ, répondit Ankhesenamon à la place de son époux, nous ne ferons rien d'autre demain matin que de rester ensemble et personne ne nous en empêchera.

– Mais nous devons impérativement détailler cette journée et en tirer les conclusions qui s'imposent !

– Je suis d'accord avec toi, digne père Aÿ, répondit Toutankhamon alors qu'Horemheb arrivait, lui aussi, pour donner ses instructions au jeune roi. Nous avons besoin de passer en revue chaque instant de cette cérémonie. J'ai moi-même fait bien des observations...

– Mais nous sommes très las et nous ne saurions travailler efficacement en étant si fatigués. Nous allons donc nous reposer et dormir. Et nous ne voulons surtout pas être dérangés...

Horemheb et Aÿ allaient répliquer quand Ankhesenamon intervint.

– Mon cher grand-père, je vais refermer cette porte derrière le pharaon. Elle ne se rouvrira que lorsque nous l'aurons décidé.

Aÿ se courba devant sa petite-fille.

– N'insistons pas, dit-il à Horemheb.

Puis il donna lui-même des ordres aux gardes du roi. Il tenait surtout à ce qu'aucun d'entre eux ne s'éloignât de la porte.

– D'aucuns ont déjà attenté à la vie des pharaons. Je ne veux pas que notre magnifique couple soit menacé. Je vous en tiendrai pour responsable si le moindre petit incident arrive !

Toutankhamon et Ankhesenamon ne pensaient déjà plus qu'à eux. Ils avaient laissé les gardes vérifier la fermeture des portes et se tenaient par la main comme des enfants insouciants. Le roi ramassa sur le sol recouvert de turquoise et de roses quelques fleurs qu'il offrit à sa femme. Puis il l'entraîna vers son lit en bois précieux et en or. Un autre lit, aussi étroit que le premier, était placé juste à côté pour la Grande Épouse. Sur les chevets en bois avaient été gravées des représentations de Bès le dieu difforme, petit et ventru.

– Il chassera de nous les mauvais esprits et les assassins ! dit Toutankhamon en riant des craintes d'Aÿ.

– Mon grand-père agit pour notre bien. Il nous aime tant !

– Je le sais et je lui rends volontiers son affection.

Les chevets aux bords recourbés servaient de traversins. Calés contre une paroi d'or où apparaissaient Thouéris, la déesse hippopotame, et Bès, ils avaient effectivement la vocation de veiller sur les dormeurs.

– Regarde les portraits d'Aménophis III. Ils sont impressionnants dans la pénombre... murmura Ankhesenamon. Il ressemble à son fils.

– Veux-tu que je les place dans un coffre ?

– Contente-toi de les retourner vers le mur. J'ai l'impression d'être observée et jugée par mon père et ancien époux.

– Demain, je donnerai des ordres pour que ces bustes soient enlevés. Nous mettrons à la place des portraits du nouveau pharaon !

Ankhesenamon le remercia d'un regard.

– Akhenaton n'avait pas à l'égard des femmes ces petites touches d'attention. Comment fais-tu pour tout comprendre ?

– Semenkharê était sans doute un mari tendre et attentif.

– Tu l'es plus que les autres.

– Regarde... Aÿ a eu la délicatesse d'apporter d'Akhetaton cette petite coupe en albâtre qui va permettre de nous éclairer. Je ne comprends pas que les serviteurs nous aient ainsi laissés dans l'obscurité. Ce n'est pas digne d'un roi d'être ainsi traité !

– Tu as dû leur faire peur, répondit Ankhesenamon en riant et en s'asseyant sur le lit de son époux.

Elle prit la coupe transparente dans ses mains et en admira la forme.

– Quel travail magnifique... Une fleur de lotus... Je vais l'éclairer moi-même avec cette petite bougie qui achève de se consumer.

– Prends garde à toi.

– Nous n'allons pas déranger les serviteurs pour si peu. Ils s'attarderaient ici...

– Tu as raison. Laisse-moi faire.

Quand Toutankhamon approcha la lueur de la vasque, ils poussèrent tous deux un cri de surprise. Au fond se dessinait nettement sous la flamme dansante le nouveau couple royal tendrement enlacé.

– Encore un cadeau d'Aÿ, dit Ankhesenamon. Que ferions-nous sans lui ?

Ankhesenamon qui avait repris dans ses mains les fleurs que lui avait données son mari s'étendit en travers du lit et les laissa choir sur la couverture en lin, fine comme le vêtement des chanteuses.

– Ton corps est une île de lotus d'où émane un éternel parfum.

– Viens près de moi, Toutankhamon. J'ai l'impression que mon cœur s'est arrêté de battre. L'eau de la clepsydre a séché. Elle ne s'écoule plus. Nous sommes ensemble pour l'éternité !

Les deux enfants se rapprochèrent et s'embrassèrent tendrement. Ils ne se souciaient plus de la lumière vacillante qui faisait des ombres mystérieuses au plafond. À l'extérieur, les bruits s'étaient tus. Exténués et repus, les convives du roi étaient tous partis se reposer. Les animaux dormaient encore, eux aussi. Dans les fermes le silence était aussi total. Protégés par le dieu Bès, le roi et la reine se laissèrent vite gagner par le sommeil.

***

Les deux personnages les plus influents de l'État étaient peut-être les seuls à veiller. L'ambition d'Aÿ n'avait pas réussi à s'endormir malgré les potions de son épouse. Quant à Horemheb, le chef des généraux, « Suprême intelligence », il réfléchissait à ses titres. Tout en écoutant la souffle régulier et discret de Moutenejmet, il repassait sa carrière en revue.

– Aménophis III a été généreux à mon égard. Je suis maintenant gérant des terres, administrateur en charge des projets de lois, scribe royal et prince héréditaire. Si Toutankhamon n'avait pas épousé une princesse, Aÿ aurait pu régner puisqu'il est le mari d'une nourrice royale. Je suis moi-même bien placé pour régner puisque mon épouse est la sœur de Néfertiti. Avons-nous eu raison de favoriser ce jeune prince fragile et tendre ?

Horemheb se tut de peur que son épouse ne l'entendît. Elle n'aurait, sans doute, pas apprécié ses ambitions. Plus le temps passait, plus le général, chef des armées, était convaincu que les meilleurs candidats au trône étaient Aÿ et lui. Noble, encore très beau, ayant toujours eu les faveurs des rois, il aimait rappeler qu'il n'était pas un homme ordinaire contrairement à ce que Néfertiti laissait entendre et que son grand-père était peut-être pharaon si sa mère Moutnesmet était née, comme elle le prétendait, de l'union d'un roi avec l'une de ses sœurs. Survivant à de nombreux rois et fonctionnaires, il était facile à Horemheb de moduler son histoire et ses origines au mieux de ses intérêts.

Le général fit le bilan de la situation. Il était très apprécié de l'armée. Personne ne pouvait entrer en concurrence avec lui sur ce terrain. S'il l'ordonnait à ses soldats, ceux-ci seraient capables de se détourner d'un roi pour le suivre. « J'ai un pouvoir immense et je n'en ai pas suffisamment profité ».

Horemheb avait entrepris de se faire construire un tombeau à Memphis.

– Ne serais-je pas superbe avec le cobra au front et les attributs du roi dans les mains, croisés sur ma poitrine ?

Il s'imagina ainsi sur les murs de sa tombe.

– Je n'ai pas encouragé Akhenaton à mauvais escient.

Il était très satisfait de ses manœuvres et de ses réussites. Il se revoyait en train de dissuader Akhenaton et Aménophis III de quitter Thèbes pour préférer la religion d'Amon à celle d'Aton. Il se rappelait en souriant les disputes qu'il avait eues avec Néfertiti au sujet de l'adoration du dieu solaire.

– Je savais qu'ils n'écouteraient pas mes conseils et qu'ils n'en aimeraient pas moins Aton. Néfertiti ne m'appréciait pas. Il suffisait que je la guidasse vers d'autres rites pour qu'elle adoptât aussitôt des cultes que je repoussais.

Le général avait manipulé les pharaons comme un chef d'armée. Il avançait ses pions petit à petit et finissait par obtenir ce qu'il souhaitait.

– Akhenaton a fini par créer une religion qui a déplu au peuple. En quittant Thèbes, il a enfin affaibli le pouvoir des prêtres d'Amon. J'ai tant de fois mis en garde Aménophis III contre la puissance des Grands Prêtres de Karnak qu'il m'a écouté. J'ai ainsi supprimé ce despotisme religieux qui enserrait l'Égypte dans des griffes impitoyables. Les dieux ont, eux aussi, perdu de leur pouvoir. Aton est presque détesté. Quant aux autres divinités, elles sont à peine connues des jeunes Égyptiens. Dieux et religion sont affaiblis. En mettant en garde Aménophis III contre les Grands Prêtres, je savais qu'il m'écouterait. En prenant le contre-pied de Néfertiti et d'Akhenaton, j'étais certain que la reine prendrait un malin plaisir à ne pas faire ce que je lui conseillais. Le résultat est remarquable : seule l'armée a gardé sa puissance. Un peu d'entraînement, quelques mercenaires motivés par des primes et je tiendrai le pays.

Horemheb entendit Moutenejmet gémir. Elle mumrmurait dans son sommeil. Le général se demandait encore s'il l'avait épousée par amour ou par intérêt. Il avait toujours ressenti pour elle une profonde tendresse mais elle faisait surtout partie de ses plans. « Néfertiti ne pouvait pas se tromper en tout. Elle avait compris que j'avais des desseins ambitieux et que mon mariage avec sa sœur était calculé. J'ai eu la chance d'avoir en plus une femme aimante et sensible. Avec l'habitude, nous sommes devenus très complices. »

Un seul détail tourmentait le général. Il connaissait la grande perspicacité d'Aÿ.

– Il me devine et anticipe mes actes. Il protégera sa petite-fille et Toutankhamon à mon détriment. Il serait dangereux de devenir son ennemi sauf si je ne peux pas faire autrement. Aujourd'hui, la situation est idéale. Nous régnons tous les deux à la place de ce petit pharaon maigrichon et maladif. Il nous écoutera sans peine... Nous sommes les véritables rois de ce pays !

Horemheb n'était pas mécontent d'avoir encouragé le roi à créer cette ville d'Akhetaton. « Un coup de maître ! se dit-il. Je me suis ainsi débarrassé de l'encombrant clergé d'Amon sans me mettre les Grands Prêtres à dos. Ils sont persuadés que j'ai toujours été hostile à l'adoration du seul dieu Aton alors que je poussais Aménophis III à faire ses choix. Sans moi la ville d'Akhetaton n'aurait peut-être jamais existé ! »

Horemheb n'était pas vraiment opposé aux projets d'Akhenaton. Il voyait là la seule manière d'échapper à l'emprise du clergé d'Amon.

– Si Akhenaton s'était montré plus tolérant, s'il avait écouté les volontés du peuple, nous aurions pu faire d'Akhetaton une cité sublime. Elle le fut à ses débuts. Hélas ! Le peuple égyptien n'a pas accepté la façon dont le roi s'est comporté. Il ne m'aurait pas été désagréable de vivre le reste de ma vie dans une ville nouvelle. Mais il est aujourd'hui impossible de laisser aller la situation. L'Égypte a perdu sa puissance militaire aux yeux des pays qui nous entourent et nous narguent. Si Akhenaton avait combattu, s'il n'avait pas favorisé une politique de paix inadaptée, nous aurions pu vivre différemment.

Horemheb se retourna sur sa couche. Il était très agité.

– J'ai bien fait de me détourner des plans d'Akhenaton. Le peuple voulait, à tout prix, revenir à Thèbes. En n'écoutant que nos désirs, en nous enfermant dans une ville éloignée de tout, en faisant fi des dangers qui nous menacent, nous courions à la catastrophe.

Horemheb revit le jubilé d'Akhenaton qui devait mourir quelques jours plus tard. « Cette fête-sed n'avait rien de comparable avec les jubilés d'Aménophis III. Le roi s'est présenté devant Aton en simple pagne comme s'il était paysan. La cérémonie manquait de faste. Il faut penser à renflouer les caisses de l'État. J'ai envoyé des messagers et des soldats en Asie. Depuis quand n'avons-nous pas touché les redevances et les tributs qui nous sont dus ? Pourquoi Akhenaton n'a-t-il pas fait partir un escadron pour les réclamer. Personne n'autait osé refuser. Au lieu de quoi, le roi s'est désintéressé de tout. »

Horemheb avait également reproché à Aÿ de n'être pas intervenu.

– Akhenaton est-il mort de maladie ? Il paraissait souffrant. Les jours qui ont précédé sa mort étaient tristes. Mais le chef de la police n'en a moins découvert les prémices d'un complot. Il est si fier d'avoir arrêté les coupables qu'il le fera sans doute reproduire dans son tombeau. Dix-huit ans de règne... Akhenaton avait dirigé trop longtemps le royaume. Le roi paraissait pris dans les derniers temps de crises de folie comme s'il avait été possédé d'un démon. Il n'était entouré que du vautour, emblème du roi de Haute-Égypte, de l'uraeus, du chacal et du sphinx.

Horemheb se demanda comment il allait procéder si le peuple réclamait davantage que de revenir à Thèbes et d'honorer Amon.

– Et s'il me prie de détruire les sépultures d'Akhetaton ? Si je dois profaner les tombes d'Akhenaton et de Néfertiti ?

Connaissant le fanatisme de certains Égyptiens, Horemheb était persuadé qu'ils ne se contenteraient pas de retrouver leur maison thébaine et de profiter des récoltes. Quant aux Grands Prêtres d'Amon, ils tenteraient de se venger.

– Aÿ a-t-il conscience que nous allons certainement détruire tout ce que sa fille a fait ? A-t-il seulement fait ses comptes ? Il nous faut tellement de fonds et de matériaux précieux pour remonter et restaurer ce qui a été détruit ! Dès demain, je renforcerai les effectifs de police qui surveillent les nécropoles d'Akhetaton. Pendant cette fête, certains mécréants seraient capables de dévaster les tombes royales. Il est peut-être trop tard...

Le général finit enfin par s'endormir. Mais il se leva plusieurs fois pendant la nuit pour noter ce qu'il avait peur d'oublier. Il était conscient de la fragilité de la situation. « Au moindre faux pas, le peuple égyptien se révolterait et trouverait l'appui du clergé d'Amon. Heureusement que l'armée est soumise. »

XX

Tous les Égyptiens se souvenaient d'Akhenaton comme d'un être totalement tourné vers la paix qui refusait même d'envoyer des soldats en Asie pour réclamer les tributs impayés. Son adoration pour Aton et ses pensées profondes étaient résumées sur son cercueil. On pouvait y lire que l'ancien pharaon aimait sentir le souffle du dieu et observer sa splendeur même si le roi n'avait jamais donné un visage humain à Aton. Il voulait entendre le son de sa voix qui couvrait le sifflement du vent et des tempêtes. Il le remerciait surtout de l'avoir protégé et de lui assurer une existence éternelle.

Ce pacifisme plaisait beaucoup au jeune Toutankhamon. L'après-midi était bien avancée quand le couple royal se réveilla. Ne souhaitant pas se séparer, le roi et la reine se tinrent enlacés et regardèrent, de leur couche, la lumière qui envahissait la pièce. Cette luminosité paraissait omniprésente en Égypte. Tôt le matin, elle agrandissait les champs et l'horizon de sa belle et très pure couleur bleue tirant sur le violet. Ce jour-là, après une nuit un peu ventée, le ciel était sans nuées.

– Que doivent penser les Égyptiens de notre absence ?

– Ne t'inquiète pas, Ankhesenamon, les Égyptiens se sont levés tard après une nuit de joie et de fête. Ils ont tellement mangé hier en savourant les mets que nous leur avons fait servir qu'ils doivent avoir la panse repue.

– Combien vas-tu leur accorder de jours fériés ?

– Le temps de notre séjour à Thèbes... Qu'en penses-tu ?

Tout en parlant, le roi serrait son épouse contre lui au risque de laisser la marque de ses doigts sur ses épaules.

– Nous ne savons quelle sera la durée de notre séjour ici, répondit la reine.

– Nous resterons là tant que tu le souhaiteras.

– Nous avons tant de choses à découvrir !

– J'avoue que cette ville me séduit et que j'aime la vie à Malqatta. Les Thébains nous ont accueillis froidement...

– Mais ils nous apprécient maintenant au moins autant qu'ils aimaient Tiyi et Aménophis III.

Le roi croyait naïvement que le peuple lui était déjà acquis. Ils parlèrent des prêtres d'Amon qu'ils pensaient également conquis.

– As-tu apprécié mon discours ? demanda Toutankhamon avec beaucoup de fierté à sa femme.

– Tu étais superbe. Les femmes t'ont trouvé beau et intelligent. Tu as beaucoup impressionné Aÿ.

– Et Horemheb ?

– Horemheb est un général, pas un savant. Il avait très peur que tu ne prononçasses une parole fatale qui aurait tout gâché. Il ne tenait plus en place.

Les deux adolescents éclatèrent de rire et s'enfouirent sous la couverture.

– Appelons-nous les servantes et le scribe ?

– Il le faudra bien ! Tu dois rendre hommage à Amon et faire tes prières.

– Tes obligations sont les mêmes que les miennes !

– Je t'accompagnerai. Je ne connais pas encore les prières d'Amon. Je les répète après le scribe.

– Je les ai apprises par cœur. J'avoue qu'elles me plaisent assez. Elles sont moins exclusives que celles écrites par Akhenaton pour honorer le dieu solaire.

Ankhesenamon manifesta le désir de faire sa toilette avec son époux mais le roi s'y opposa.

– Ce serait avec plaisir, lui avoua-t-il. Je crains, cependant, que cette idée ne fasse le tour du palais et ce ne sont pas les pratiques habituelles.

– Laissons tomber le décorum et agissons comme nous le souhaitons !

Elle se glissa la première hors de la couverture et s'engouffra dans la salle de bains de son mari. La pièce était petite. Au centre se trouvait une table pour les massages. À côté étaient alignés trois pliants. Sur deux petites tables en ivoire et en or étaient placés quelques flacons en albâtre et des petits coffres.

Ankhesenamon s'empara d'un étui à pinceaux et d'un petit pot à khôl d'un bleu turquoise orné de la déesse hippopotame dessinée en noir avec une grande finesse. Elle sortit le pinceau qui se trouvait à l'intérieur et en passa l'extrémité sur le dessus de sa main.

– Du noir. Voilà ce qu'il me faut.

Elle ouvrit un petit coffre qui était en réalité une véritable palette de couleurs. Elle passa son doigt sur la poudre verdâtre et regarda la couleur à la lumière du jour.

– Il me faut de la malachite. Où se trouve l'orcanette ?

Elle chercha dans un autre coffre et souleva délicatement les couvercles.

– La voilà. Eh bien, j'ai tout ce qu'il me faut !

Elle sentit encore quelques pâtes ou parfums protégés dans les pots en albâtre.

– De l'amande, une odeur citronnée, un parfum plus capiteux. Et là des peignes, des fleurs, des rubans... Un vrai matériel de reine !

Toutankhamon l'avait suivi. Il était presque nu. Les cheveux hirsutes, les paupières encore boursouflées, les cils crotteux, il traînait les pieds et ne cessait de bâiller.

– Que fais-tu ? Tu dois regagner ta chambre. Je vais appeler mes domestiques et mon masseur.

– J'ai une meilleure idée, suggéra Ankhesenamon. Je viens de constater que j'ai ici tout ce dont j'ai besoin pour ma toilette, mon maquillage et les soins de ma peau. Pourquoi n'en profiterais-je pas ?

– Une reine ne va pas se laver seule !

– Je connais les servitudes et les obligations de la cour. Prenons du bon temps à Malqatta. Nous l'avons mérité après une cérémonie aussi réussie !

– Si Aÿ l'apprend, nous subirons encore l'un de ses sermons !

– Oublie tout cela, Toutankhamon...

La reine buta sur le nouveau nom du roi.

– J'ai du mal à prononcer le nom du dieu thébain.

– Nous avons été élevés dans l'univers d'Aton. Il est difficile de changer ainsi du jour au lendemain. J'avoue qu'il est également curieux de devoir t'appeler Ankhesenamon.

Sans attendre son avis, la reine regarda dans un broc.

– Il n'y a pas d'eau.

– Tu vois bien qu'il est impossible de faire cette toilette sans les servantes. Elles mélangent l'eau à du natron et de l'argile et frottent la peau bien fort pour faire mousser cette préparation. Je suis incapable de faire de même.

Ankhesenamon éclata de rire. Elle ne pouvait s'empêcher de faire des comparaisons avec les autres hommes qu'elle avait connus, son père Akhenaton, tout d'abord, qui était doux et peu athlétique, Semenkharê, ensuite, qu'elle trouvait assez bien fait. À coté d'eux, Toutankhamon faisait figure de gringalet.

– Puisque tu refuses de m'accompagner et que tu as besoin de coiffeurs, de maquilleurs et de servantes, allonge-toi au moins sur cette table.

Le roi la regarda sans comprendre. Elle s'empara de la serviette dont il avait entouré ses hanches et l'invita à s'étendre.

– Ma mère Néfertiti disait toujours que j'avais des doigts de déesse.

Elle mit de la pommade parfumée dans ses deux mains et étala la mixture un peu fraîche sur le dos de son mari qui retint un cri. Puis elle massa légèrement ses épaules.

– N'ai-je pas des dons de masseuse ?

Il éclata de rire et se retourna vivement en l'attirant contre lui.

– Je suis sûr qu'Aÿ est anxieux. Va dans ta chambre et prépare-toi. Je vais faire de même. Ensuite, nous l'autoriserons à venir nous rejoindre.

La reine se vêtit à la hâte et quitta la chambre à regret.

– Je serai prête avant toi, lui glissa-t-elle.

Dès qu'elle fut sortie, Aÿ courut derrière elle.

– Grand-père, m'espionnerais-tu ?

– Nous avons besoin de vous deux.

– Je vais me préparer.

– Et le roi ?

– Il va se laver.

– A-t-il fait ses prières à Amon ?

– Pas que je sache. Est-ce si nécessaire ?

– Chaque matin, Akhenaton se rendait au temple solaire pour rendre hommage à Aton. Il est impératif de ne pas perdre ces bonnes habitudes.

– Il avait au moins le temps de se vêtir, de se coiffer et de se parfumer.

– Quand le soleil se lève, Amon doit immédiatement être salué.

– Dans ce cas, envoie-moi un scribe et propose un prêtre à Toutankhamon car nous ne retenons pas toujours les paroles de ces hymnes.

Aÿ trouva en quelques instants deux personnes prêtes à aider le couple royal.

– Je te conseille d'entrer auparavant saluer le roi sinon cet homme risque d'être fort mal reçu !

– Des ambassadeurs doivent quitter Thèbes. Ils souhaitent vous saluer avant de partir. Ils attendent depuis l'aube et commencent à s'impatienter.

– Qu'ils prennent leur char et qu'ils regagnent leurs terres ! Je ne leur en voudrai pas.

– Il n'en est pas question, par Horus ! Oublierais-tu tes devoirs ? Je ne te comprends pas. Tu es reine depuis plusieurs mois et tu t'es toujours montrée obéissante et disciplinée. Toutankhamon te tournerait-il la tête ?

– Non, grand-père, dit Ankhesenamon. Je suis tout simplement heureuse.

– As-tu vu ta petite fille ce matin ?

– Pas encore. J'y vais de ce pas !

Ankhesenamon avait envie de chanter et de danser. Elle se sentait légère. Mais les gardes étonnés qui regardaient la reine d'un air curieux l'incitèrent à se hâter et à regagner très vite ses appartements.

– Les courtisans et les soldats doivent me respecter. Que suis-je en train de faire ? Je suis sortie de la chambre de mon époux sans m'être coiffée. Je ne porte pas de perruque. J'ai oublié ma couronne. Mes vêtements sont fripés...

En entrant dans sa chambre qu'elle croyait vide, elle sursauta. Une dizaine de servantes alignées l'attendaient et se couchèrent devant elle.

– Je n'ai pas beaucoup de temps à vous accorder. Je connais la plupart d'entre vous. L'épouse de Meriptah sera votre chef. Certaines d'entre vous, originaires de Thèbes, n'ont pas pour moi un visage familier.

– Ce sont les meilleures des servantes de la région, intervint la femme de Meriptah qui était comblée de servir la reine.

– Bien. Quand je serai prête, je veux absolument parler à mon cher Moïse. Je ne l'ai pas revu depuis le festin.

– Veux-tu que nous allions le chercher ?

– Oui. Qu'il vienne quand je me ferai masser. Je souhaite m'entretenir avec lui avant de revoir le père Aÿ.

XXI

Ankhesenamon était étonnée par les objets trop nombreux qui encombraient sa chambre. Elle préférait les pièces presque vides.

– Ces meubles ne m'appartiennent pas ! s'exclama-t-elle. Je peux à peine me frayer un chemin entre ces objets. Qu'on les mette dans le couloir !

– Reine bien-aimée, intervint la femme de Meriptah. Ces objets sont très précieux. Ils risqueraient d'être volés. Voilà pourquoi Aÿ les a fait placer dans cette pièce en attendant les déménageurs. Tout sera remis en ordre dans l'après-midi.

– À qui appartient ce sceptre ?

– Au roi, maîtresse des deux pays ! Il est en or !

– Eh bien ! Qu'on le mette dans la chambre de mon époux !

– Les serviteurs n'ont pas encore fait le tri ni déballé toutes les malles. Ils se demandaient s'il était nécessaire de le faire puisque Sa Majesté parle de repartir déjà pour Akhetaton.

– Tu es maligne... En réalité, tu veux savoir si nous resterons ici...

– Je le reconnais et je l'espère.

– Nous allons repartir pour Akhetaton mais j'avoue

que ce séjour a été le plus agréable de toute ma vie. Je ne l'oublierai jamais.

Ankhesenamon se pencha pour saisir un gobelet en terre recouvert d'un vernis bleu intense.

– Le nom de Toutankhamon est inscrit dessus. Il est facile de comprendre que cet objet appartient au roi !

– Les serviteurs ne savent pas lire...

– Ces coffres en bois et en or fin peuvent rester là.

Ankhesenamon y était représentée en compagnie de son grand-père et de son époux.

– Ces bouteilles auraient dû être placées dans les caves du palais à l'abri de la chaleur !

Ankhesenamon s'empara d'un pot fermé par un bouchon orné du sceau royal.

– Appelez deux hommes solides ! Qu'ils emportent immédiatement tous ces pots à l'abri. Ces vases en albâtre qui ont été achetés à des Hellènes me plaisent beaucoup. Qu'on les mette sur ce meuble ! Ce mannequin peut rester dans la pièce voisine. Placez ma coiffe sur sa tête. Elle sera ainsi protégée.

– Près de ton trône inscrusté de pâtes de couleur ?

– Non. Près de la salle de bains.

La reine se retourna vers sa couche.

– Qui a changé mon lit ?

– Celui-ci est plus beau que le précédent avec ses montants en or en forme de lionnes.

– Il est plus travaillé. L'important est qu'il soit confortable !

– Veux-tu que nous le fassions enlever ?

– Non.

– Nous retirons donc tous les objets au nom de Toutankhamon ?

– Peut-être pas.

La reine prit encore dans ses mains une coupe en

albâtre en forme de fleur ouverte ornée de bouquets et de génies.

– Je la garde ainsi que cette chaise où apparaît le génie de la vie éternelle. Il me portera chance. J'aime aussi ces coffrets en ivoire et en or. Voyons ! Que contient celui-ci ?

La reine lut sans hésitation l'inscription en hiératique qui précisait que le coffre contenait des bijoux en lapis-lazuli.

– Celui-ci renferme des sandales et des bagues.

– Donne-les au roi. Il en aura besoin. Je ne peux porter ses sandales ! Elles ne m'iraient pas. Quant à ses bagues, je suis sûre qu'il a les doigts plus gros que les miens. Emporte aussi ces coffres décorés de scènes de chasse et de campagnes, ce chevet en bois, ces vêtements et surtout cette tunique ornée d'étoiles que le souverain a portée lors de notre mariage.

Toutes les servantes prenaient plaisir à toucher les objets et à deviner à qui ils appartenaient. Certaines tendaient à bout de bras des chasse-mouches en plumes d'autruche, en ivoire, en or, en turquoise et en lapis-lazuli et des torches. Elles contemplaient des coupes à huile, des cannes et des instruments de musique.

– Je ne veux pas non plus ces tabourets pliants aux pieds en forme de lion et de canard. Le scribe royal peut avoir besoin de cette boîte pleine de rouleaux en roseau. Même les gants du roi sont ici ! Il ne conduit jamais son char sans eux. Quant à ces petits escabeaux où sont dessinés les prisonniers du roi, je crois qu'ils appartenaient à mon père. Qu'on les donne aux domestiques qui en auront plus besoin que nous !

Les servantes se mirent à faire un tri avec beaucoup d'entrain.

– Je vais avoir besoin de vous ! leur dit la reine en les interrompant. Dès que je serai partie, vous pourrez tout ranger. Pour le moment, il faut me coiffer, me maquiller, me masser et m'habiller.

– Maîtresse, nous sommes à tes ordres, dirent-elles en chœur en tombant à ses pieds.

Elle désigna celles qu'elle avait choisies pour sa toilette.

– Vous êtes les nouvelles, leur dit-elle. Je vais ainsi voir de quoi vous êtes capables. Je ne suis pas sévère mais très exigeante.

Les très jeunes filles, qui avaient été choisies par l'intendant du palais, restèrent muettes. Elles auraient dû incorporer le harem du roi si celui-ci n'en avait décidé autrement. Jugeant que ses harems étaient nombreux et bien remplis, Toutankhamon ne se préoccupait guère de ces détails. Il préférait accorder plus de temps à sa femme.

– Allons ! Suivez-moi !

Elles se plièrent aux ordres tandis qu'un scribe entrait dans les appartements de la reine à la demande d'Aÿ.

– Je viens pour les prières de la vénérable et distinguée Ankhesenamon.

La reine soupira.

– Je t'avais oublié ! Quand dois-je prononcer ces prières ? Avant ou après ma toilette ? Attendras-tu que je finisse ?

– Hélas non, Majesté. Il est impératif que tu pries Amon dès que tu poses les pieds à terre.

– C'est déjà trop tard, scribe ! Amon n'attendra-t-il pas un peu plus ?

– Je crains que non.

– Bien ! Dois-je prendre une attitude spéciale pour dire ces textes ?

– Non. Mais il est préférable d'être attentive aux mots que tu prononceras lentement et distinctement.

– Si je m'applique, je peux tout aussi bien dire ces prières assise ou couchée ?

Le scribe fut étonné par la question.

– Oui mais...

– Bien ! Alors, que le masseur entre !

La reine se cacha derrière un magnifique paravent aux décors floraux très colorés et se dévêtit. Puis elle tendit le bras à une servante peu habituée qui ne comprit pas immédiatement qu'elle voulait une serviette fraîchement lavée et parfumée. Elle s'étendit à plat ventre sur une table, déroula la serviette qui dissimulait son corps et attendit le masseur.

– Il arrive, maîtresse !

– Bien ! Et maintenant, scribe, je t'écoute. Prononce lentement tes prières. Je les répéterai et tenterai de les retenir.

– Mais Sa Majesté ne peut pas...

– La reine peut tout. Je n'ai guère de temps à perdre. Des ambassadeurs m'attendent depuis l'aube. Allons ! Amon en a vu d'autres ! Ne s'est-il pas uni à la mère d'Hatchepsout et à celle d'Aménophis III ? Peut-être viendra-t-il me visiter un jour en prenant les formes de mon époux...

– Rien ne m'empêche de commencer, balbutia le scribe en ouvrant sa boîte de travail.

– Ne connais-tu pas les prières par cœur ?

– Si.

– Alors, cesse d'être troublé et pose ce matériel !

La reine suivit les recommandations du scribe et prononça ses prières puis elle se laissa laver et parfumer. Quand elle revint dans la salle principale, de nombreux objets avaient été emportés. Il restait un instrument à vent en bronze orné des représentations des dieux Amon, Ptah et Horakhty, des cannes dont les extrémités avaient la forme de prisonniers asiatiques ou nubiens, une passoire pour le vin, un pectoral et des sistres.

Ankhesenamon fouilla dans un coffre en bois doré et en sortit des serviettes, des écharpes et des vêtements.

– Prenez ce qui vous plaît, proposa la reine en étalant les tuniques sur le sol.

– Maîtresse ! Il s'agit de robes magnifiques. Elles ont été portées par des Grandes Épouses royales !

– Sans doute. Pour ma part, je ne les garderai pas.

Les femmes s'emparèrent des robes avec joie.

– Placez enfin ces deux récipients sur la table.

L'un représentait le Nil avec le lis et le papyrus, symboles des deux Égyptes.

– Je vais faire graver le nom du roi et le mien sur ce récipient que je trouve magnifique. Quant à celui-ci avec des scènes de chasse aux pieds en forme d'Asiatiques, je crois que je le mettrai dans ce coin. Ce lion blanc à la langue rose est sublime. L'albâtre est presque transparent.

– Et ce chasse-mouches ?

La reine le tourna dans sa main. Sur le manche, on voyait des autruches tentant d'échapper aux chasseurs et un roi glorieux rapportant son butin à la cour.

– Oui, je le garde. Ces coffres en or incrusté de pâte de verre de toutes les couleurs sont absolument magnifiques mais je ne comprends pas pourquoi nous en avons transporté autant !

– Maîtresse, il en arrive encore...

La reine regarda avec colère les hommes musclés qui apportaient de nouveaux meubles.

– Je n'ai pas besoin de tout cela ! Nous repartons dans quelques jours pour Akhetaton. Qui a ordonné de transporter tous ces coffres ici ? C'est insensé !

– Reine bien-aimée, des bateaux sont arrivés ce matin à Thèbes. Ils étaient abondamment chargés.

– Eh bien ! Rembarquez tout cela ! Mais qui a donné l'ordre de déménager les meubles du palais d'Akhetaton ?

– Horemheb. Des vaisseaux de toute beauté ont accosté à l'aube. À leurs proues ornées, à leurs kiosques confortables, à leurs cabines spacieuses et à leurs doubles vergues, les Égyptiens ont immédiatement reconnu des bateaux royaux. Ils ont assisté au débarquement de tous ces objets et ils ne doutent plus aujourd'hui que le couple royal restera à Thèbes pendant de longs mois.

– Je suis stupéfaite ! répliqua la reine. Hâtez-vous de m'habiller et de poser cette coiffe sur ma tête. Je suis sûre que mon époux n'est pas informé ! Il n'est pas question que le général Horemheb gouverne à notre place et décide de l'endroit où nous habiterons !

– Tu as demandé à Moïse de te rejoindre...

– Je le verrai tout à l'heure.

Ankhesenamon rejoignit Toutankhamon qui achevait, lui aussi, de se vêtir et qui s'apprêtait à rejoindre la salle d'audience.

– Nous avons été trompés ! dit la reine à son mari. Mes appartements sont envahis de meubles en provenance du palais d'Akhetaton ! Le général Horemheb a donné des ordres pour que nos biens soient transportés à Thèbes ! Retournons à Akhetaton dès aujourd'hui !

– Le général est parfois maladroit, Ankhesenamon. Il ne décidera pas à notre place. Cependant, je te demande de ne pas détruire tout le chemin que nous avons fait jusque-là. Il n'était pas évident pour nous d'être acceptés par les Thébains et les Grands Prêtres de Karnak. Nous n'avions aucune envie de venir ici. Nous nous y plaisons et je suis convaincu que le peuple nous aimera. Restons à Thèbes pendant quelques jours. Découvrons ce que nous n'avons pas eu le temps de visiter. Apprenons l'histoire des anciens pharaons qu'on nous a cachée. Nous repartirons tranquillement vers Akhetaton.

– Me le promets-tu ?

– Crois-tu que j'aurais agi à ton insu avec la complicité d'Horemheb ? Je vais lui dire ma façon de penser. Quant à toi, parle à ton grand-père. Nous avons besoin de leurs conseils à condition qu'ils n'empiètent pas sur notre vie privée.

Le roi serra tendrement sa femme dans ses bras.

– Allons travailler, lui dit-elle rassurée.

Ils s'avancèrent main dans la main dans le couloir et marchèrent le sourire aux lèvres, les yeux fixés devant eux, comme si personne ne les observait alors que tout le personnel se courbait sur leur passage. Partout, dans les rangs, brillaient l'or, le lapis-lazuli, l'améthyste, les bijoux en pâte de verre, la turquoise, le jaspe, l'ivoire et la cornaline. La plupart des femmes de hauts fonctionnaires, qui étaient venues saluer le couple royal, portaient des bracelets en or décorés de scarabées en turquoise. Leurs cheveux étaient ornés de rubans piqués de pierres et leur cou de collier en perles épais dont le fermoir avait, lui aussi, la forme d'un scarabée. Certaines portaient un miroir en argent et en or, des pendentifs de couleur et un pectoral très travaillé. Le plus beau restait celui de la reine qui présentait sur sa gorge le cercle rougeoyant du soleil. Partout, des signes de vie devaient porter chance aux Égyptiennes.

Toutankhamon serra la main de sa femme avec beaucoup de complicité. Sans détourner la tête, Ankhesenamon sourit. Aÿ vint à leur rencontre en courant presque.

– Grand-père, ménage tes forces, lui dit la reine. Nous sommes prêts, tu le vois. Que crains-tu ?

– Les ambassadeurs manifestent leur impatience. Ils

sont sur le point de partir et de créer un incident diplomatique...

– Nous saurons les convaincre de nous excuser.

– Il te faudra user de tous tes charmes.

– As-tu réussi à les retenir ? demanda le roi, plus inquiet que sa femme. Je n'aime pas que les invités du roi soient insatisfaits.

– Je ne peux plus rien faire. Il était temps que vous arriviez.

– Où est Horemheb ?

– Nous ne l'avons pas vu ce matin.

– Gageons qu'il se trouve près du Nil en train de contrôler la flotte qu'il a fait venir d'Akhetaton sans nous en informer.

Toutankhamon dut fournir des explications à Aÿ.

– Annonce-nous ! dit le roi en pressant le pas au garde qui attendait le couple royal devant la salle d'audience.

En entendant la voix du jeune roi, les ambassadeurs reprirent leur place et s'inclinèrent. Leur mécontentement se lisait, cependant, sur leur visage sévère et leur front plissé.

– Vous vous êtes levés très tôt, remarqua le roi en détendant l'atmosphère. Après la nuit que nous avons passée, je pensais que vous aimeriez vous reposer. J'avais donné des ordres pour qu'on vous serve, à votre lever, les meilleurs fruits et des produits exotiques rares que nous avons rapportés de nos dernières expéditions...

– Nous voulions embarquer le plus tôt possible.

– Je comprends. J'ai été, ce matin, retardé par une question fondamentale. Quelques ennemis de l'Égypte ont besoin de savoir que nous sommes toujours les plus puissants... Vous avez choisi le bon parti. Ne l'oubliez jamais !

Les ambassadeurs s'inclinèrent de nouveau.

– Puisque vous êtes pressés, je ne vous retiendrai pas.

Il m'a été agréable de vous rencontrer et j'espère que vous reviendrez pour la grande fête d'Opet.

Un silence accueillit ces paroles.

– Vous êtes étonnés. Quoi de plus normal que de la célébrer puisque cette fête n'a pas eu lieu depuis des années ? Mais Amon mérite cet honneur. Cette fête exceptionnelle est l'occasion de se réunir. J'y inviterai chacun de vos souverains ou de vos gouverneurs. Je leur enverrai moi-même un message personnel. Mais vous pouvez faire courir la nouvelle dès aujourd'hui. Vous serez de toutes les cérémonies importantes. Nos liens vont se resserrer. J'ai conscience que le roi Akhenaton négligeait ses alliés. Cette époque est révolue. De quoi avez-vous besoin pour faire un bon voyage ?

Comme les ambassadeurs déclinaient l'aide du roi, celui-ci insista.

– Scribes ! Notez tout ce dont ces hommes ont besoin et donnez-le-leur tout de suite. Ne tardez pas ! Qu'on les aide à embarquer et à rejoindre le fleuve dans les meilleures conditions !

Encore une fois, Toutankhamon avait trouvé les mots justes. Aÿ fut très impressionné. Il se demanda alors si le jeune pharaon serait aussi facile à manipuler qu'Horemheb et lui le pensaient. « Et surtout jusqu'à quand ? » murmura le Père divin.

XXII

Tandis que Toutankhamon discutait bruyamment autour d'une coupe de vin avec ses amis, Khai et Hékanéfer, qui l'avaient suivi à Thèbes, Ankhesenamon s'occupait de sa fille Ankhesepaaton-Tasheri qui devait, elle aussi, changer de nom sur le modèle de sa mère.

– Imagine, disait Khai, combien il est agréable d'être l'ami du roi ! Tout le monde vous salue et vous obéit ! Un bonheur ! Puisque je dois retourner bientôt travailler dans le pays de Koush, je ferai graver cette amitié dans la pierre pour qu'elle reste éternellement.

– Et sur quels murs laisseras-tu ton empreinte ? lui demanda Toutankhamon, fier d'être ainsi considéré par les enfants du *Kep*.

– À coup sûr dans un temple !

– Et toi Hékanéfer ?

– J'ai déjà l'immense privilège d'être représenté dans la tombe de Houy, vice-roi de Koush, et j'en suis très fier. Puisque je suis prince d'un village, il me plairait assez d'y faire construire ma tombe et d'y rappeler que j'étais proche du roi...

– Tu as mon accord. Comment trouvez-vous la ville de Thèbes ? Est-ce que vous vous y plaisez ?

– Nous avons été heureusement surpris. Nous faisons partie de ces princes qui n'y étaient jamais venus. Il nous faudra, cependant, rentrer à Akhetaton. Ne crains-tu pas que des sauvages pillent nos maisons et que notre cité soit détruite ?

– Le chef de la police Maou est resté sur place. Il nous préviendrait aussitôt en cas de malheur.

– On raconte qu'en Asie des alliés attendent encore l'aide de Pharaon et que les soldats égyptiens qui sont sur place n'interviennent pas.

– Je sais cela. Toutou avait même reçu l'ordre de ne pas répondre à la correspondance qui venait de l'étranger. Akhenaton refusait d'envoyer de l'aide à qui que ce fût. Oublions cette mauvaise gestion et buvons à nos succès !

Les trois jeunes adolescents, qui avaient déjà beaucoup bu, parlaient de plus en plus fort et riaient à la moindre plaisanterie. Ankhesenamon les entendait de la chambre de sa fille.

– Tu ne te souviens déjà plus de Semenkharê, lui disait-elle en lui caressant le front. Il était jeune, svelte, beau. Il portait une perruque courte frisée et un pagne plissé qu'il fermait sous son nombril par un large ruban dont les pans flottaient au vent. Le cobra en or à son front semblait avoir été fait pour lui. Comme son visage était mince, l'uraeus était de petite taille et peu épais. Il aimait glisser sous sa perruque des rubans multicolores qu'il attachait sur sa nuque et qui, eux aussi, tombaient harmonieusement dans son dos. Il appréciait que je portasse une robe fendue que je fermais à la hauteur de ma poitrine et qui laissait mon corps découvert.

Comme la petite fille l'écoutait, les yeux grands ouverts, Ankhesenamon l'embrassa et la serra contre elle.

– Semenkharê était petit mais très charmeur. Il aurait pu être ton père. Mais il est parti pour l'Autre Monde et tu devras désormais obéir à Toutankhamon. Tu entendras de nombreuses rumeurs au sujet de ta famille. Certains te raconteront peut-être que ta grand-mère Néfertiti n'est pas morte, que ton père Akhenaton était fou, que Semenkharê était haï de Néfertiti et qu'elle aurait tenté de l'assassiner. Semenkharê avait fait construire à Memphis un temple pour le dieu Aton mais il a également dédié un temple à Amon. Il est venu ici comme en témoigne un groupe le représentant avec ma sœur Meritaton déposé dans le temple de Karnak. Quelle émotion j'ai ressentie lorsque j'ai vu l'image magnifique de ma sœur disparue ! Et quel étonnement lorsque nous avons constaté que Semenkharê portait la coiffe osirienne. Avait-il préparé notre retour à Thèbes comme il me l'annonçait depuis plusieurs mois ? Avait-il renoncé à Aton ? Ton arrière grand-père Aÿ l'avait-il convaincu de venir adorer Amon à Thèbes avant de s'y installer définitivement ? Il ne m'avait pas parlé de tout cela. J'ai découvert dans cette ville bien des secrets.

Comme sa fille semblait fatiguée, Ankhesenamon la coucha et l'amusa avec un jouet en bois.

– Oui... Tout semblait programmé depuis longtemps pour que la famille royale revînt un jour à Thèbes... J'étais naïve de croire que cette décision était suspendue à ma seule volonté. Une reine ne choisit pas le destin de son pays. Seuls les dieux ordonnent et nous obéissons.

La reine se leva en entendant arriver Moïse. Elle laissa sa fille dormir et murmura au conseiller de s'éloigner.

– Viens par ici. Je voulais te parler.

Le fonctionnaire était à genoux devant elle. Il la félicita pour les cérémonies qu'elle avait présidées.

– Moïse, tu n'es plus jeune et tu aspires peut-être à te retirer...

– Il me serait agréable de goûter aux joies de la vie mais servir la reine en fait partie.

– Ta réponse est polie. Je vais avoir besoin de toi jusqu'à ce que nous soyons bien établis, le roi et moi. Nous avons conscience que les Égyptiens ne nous ont pas accueillis spontanément. Nous devons faire nos preuves. Nous sommes entourés de fonctionnaires ambitieux qui nous observent. Au moindre faux pas...

La reine s'interrompit.

– Mets-toi à l'aise et assieds-toi sur ce fauteuil, en face de moi. J'ai entièrement confiance en toi. Rares sont les conseillers que je connais bien et à qui j'ai envie de me confier.

– Je pourrais être de ceux-là...

– La reine Tiyi avait une qualité incontestable : elle savait s'entourer et choisir ses conseillers. Toi et ton frère lui avez sauvé la vie lorsqu'elle était jeune et enceinte. Ton frère a perdu la sienne en menant une enquête pour elle afin de retrouver les vauriens qui avaient pillé la tombe de ses parents. Tu l'as accompagnée jusqu'à sa mort, d'Akhmin où elle aimait résider à Memphis, à Akhetaton où elle venait régulièrement nous embrasser, et à Thèbes. Jamais elle ne t'a renvoyé. Ce signe ne trompe pas.

– Tu as donc besoin d'un conseiller fiable et fidèle.

– Exactement.

– Je pourrais t'en recommander de plus jeunes...

– Moïse, ne te dérobe pas. J'ai conscience que tu voudrais profiter de tes richesses en toute tranquillité après avoir servi les pharaons pendant de nombreuses années. Je ne souhaite pas te donner des ordres mais je te demande de rester à mes côtés jusqu'à ce que nous ayons retrouvé, le roi et moi, plus de pouvoir. Nous ne savons encore d'où nous allons régner. Quand nous serons définitivement installés dans notre palais et que nos sujets seront apaisés et rassurés, tu vaqueras à tes occupations. Je te donnerai une fortune pour les sacrifices que tu feras.

– Reine ! Je ne puis entendre ces mots de « sacrifice » alors que tout le monde souhaiterait être en ce moment à ma place ! C'est un tel honneur d'être admis à la cour. Je suis né pauvre. Quand le fils du brave Abraham a été appelé par la reine au palais thébain, sa vie a changé. Il est devenu riche, puissant, respecté et craint. Je dois tout aux pharaons et je les aide comme je le peux.

– Je peux donc compter sur toi ?

– Sans hésitation. Mais je ne comprends pas tes craintes. Ton époux sait s'exprimer devant les foules et les convaincre.

– Moïse, mon grand-père Aÿ m'aide beaucoup. Le général Horemheb va s'occuper de l'armée et régler enfin les différends entre l'Égypte et les autres pays. Les Grands Prêtres d'Amon étaient fiers de prendre leur revanche sur le destin.

– Tu vois bien que tout se passe le mieux du monde.

– Je viens de te décrire ce que nous pouvons tous constater. Le roi est, en effet, très satisfait. Trop peut-être... Sa fierté lui fait oublier les rebelles et les serpents qui sifflent dans l'obscurité, sous les pierres brûlées par le soleil. Ils prennent la couleur de la roche pour mieux se dissimuler et tendent leur tête pour mordre au moment où l'on s'y attend le moins !

– Qui crains-tu ?

– Les prêtres qu'ils soient rattachés au culte d'Amon ou à celui d'Aton. Lorsque nous favorisons les prêtres de Karnak, ceux d'Aton nous regardent avec des yeux de Nubiens prêts à la révolte. Quand nous nous détournons de Thèbes, le clergé d'Amon complote aussitôt. Les fonctionnaires seraient-ils tous satisfaits de venir vivre à Thèbes ? Rien n'est moins sûr. Lorsque nous les interrogeons, ils nous donnent la réponse que nous attendons et ne parlent pas avec leur cœur. Mais que préparent-ils derrière notre dos ?

– Ta grande sagesse ne te fait pas accepter la réalité telle qu'elle apparaît.

– Parce que j'ai déjà été Grande Épouse royale et que le défunt Semenkharê m'a appris comment l'on gouvernait.

– Je serai toujours présent quand tu en auras besoin et je te donne ma vie pour sauver la tienne.

– Je n'en attendais pas moins de toi, Moïse. Tu es digne d'avoir ta tombe dans la Vallée, non loin d'ici.

– Chère reine, répondit Moïse dont les yeux s'illuminèrent, j'en rêvais depuis longtemps.

– Si nous habitons à Thèbes, tu pourras aller chaque jour surveiller les travaux qui doivent toucher à leurs fins.

– Comme la fin guette le propriétaire de ce sanctuaire... répondit Moïse. Mais continuer ma vie dans un tel lieu me réjouit.

*
**

Le couple royal fut affligé de voir tant de monuments détruits. Horemheb leur expliqua qu'il avait tout repris en main, qu'il allait faire refleurir ce qui était fané, que les temples restaurés deviendraient des maisons éternelles construites pour durer pendant des siècles.

– Mais il ne reste plus aucun temple debout des premières cataractes jusqu'à Memphis ! avait rétorqué Toutankhamon. Ils sont tous envahis par les herbes. Les Égyptiens traversent ces sanctuaires comme s'ils marchaient dans un terrain vague.

– J'ai également décidé, si le roi est d'accord avec moi, de créer une statue en or, en lapis-lazuli et en pierres précieuses du dieu Amon. Elle sera gigantesque.

J'ai prévu une autre statue pour le temple de Ptah à Memphis. Je souhaite aussi changer les membres des clergés. Akhenaton avait choisi beaucoup d'inconnus peu argentés. Je souhaite des prophètes qui soient des fils de notables.

– Tu dois penser au trésor d'Amon...

– Et aux barques. As-tu vu dans quel état pitoyable se trouvent les barques d'Amon ? Je voulais les faire restaurer. Elles réclament toute notre attention. Il faut entièrement les refaire en bois de cèdre plaqué d'or pour qu'on les distingue le mieux possible sur le fleuve.

– Ainsi le dieu aimera-t-il Nebkhepérourê, le maître de Karnak et de Thèbes qui a contenté Amon. N'oublie pas de restaurer les palais qui longent le Nil. J'ai bien l'intention de voyager avec ma chère Ankhesenamon et je ne compte pas dormir sous une tente !

– Voilà une excellente idée ! affirma Horemheb. Le fait que tu te rendes dans toutes les villes où j'ai prévu quelque restauration rendra ces actes officiels. Il te faut aller à Memphis où nous enterrerons Apis le taureau, à Medinet el-Gourob tant apprécié de la reine Tiyi où tu pourrais envisager la remise à neuf du temple de Thoutmosis, à Assouan, à Abydos où je te conseille de rendre hommage à Osiris.

– Ne serait-il pas astucieux de remonter aux anciennes divinités ? On raconte que Thoutmosis IV a fait écrire entre les pattes du sphinx de Gizeh comment il a vu la divinité en songe et comment son destin s'est scellé. Je pourrais m'y rendre.

– Tu auras une escadre entraînée pour t'accompagner.

– Mais je souhaite vivement que tu viennes avec moi en personne ! Je ne compte pas oublier les dieux asiatiques qui ont été assimilés aux divinités égyptiennes.

J'avoue avoir été très touché par les ruines de certains pylônes de Karnak.

– Nous allons les rebâtir et poser dessus ton honorable cartouche.

– Dans ce cas, il faudra y ajouter celui d'Aÿ qui a fait rouvrir des carrières pour remonter les blocs ou les remplacer.

Horemheb ne répliqua pas. Il savait que toutes les restaurations seraient marquées des sceaux du roi, d'Aÿ et du sien.

– Pendant le deuxième mois de l'inondation se déroulera de nouveau la fête d'Opet. Je l'ai promis à nos invités. Dès que les festivités auront repris, j'en ferai graver le déroulement à l'endroit où Aménophis a fait construire la colonnade du petit temple d'Amon. Sur le mur de l'ouest sera représenté le cortège allant du grand temple de Karnak au petit temple. Sur l'autre mur, le dieu regagnera Karnak. Je procéderai moi-même aux libations. Nous partirons dans la joie accompagnés par les trompettes. De robustes Égyptiens porteront la barque sacrée jusqu'aux embarcations qui navigueront sur le Nil. Des hommes encore plus forts haleront le bateau du dieu sur les bords du Nil dès que j'en aurai donné l'ordre. Je veux revoir la joie et les rires sur les visages. Que des tables soient dressées sous les tentes tout le long du fleuve pour que chacun boive à ma santé, moi le Protégé des dieux !

– Ce programme me paraît très intéressant, approuva Horemheb.

– Il est facile de placer des tréteaux et d'apporter des boissons et des victuailles près du petit temple. Je veux entendre les castagnettes, les sistres et les cymbales résonner très fort. Nous louerons des acrobates, des danseurs et des musiciens. Dans la moindre ruelle thébaine se produiront des artistes du monde entier.

Horemheb paraissait inquiet.

– Combien de jours va durer cette fête ?

– Une dizaine de jours comme autrefois. Le dieu retournera à Karnak au bout du onzième jour. Des bœufs seront immolés.

– Je t'approuve, roi, cependant...

– Oui. Cela coûte cher et les biens se trouvent à Akhetaton. Puisons dans le trésor d'Aton.

– Certainement pas ! Aÿ ne le permettra jamais. Les biens d'Amon volés pour le dieu Aton seront intégralement rendus à Amon !

– Je ne vois plus qu'une solution. Oblige les tributaires à envoyer leurs redevances avec les arriérés.

– J'y travaille ardemment, roi.

XXIII

Toutankhamon réfléchit longuement à la conversation qu'il avait eue avec Horemheb. Le lendemain, il le convoqua.

– La nuit m'a porté conseil. J'ai d'autres ambitions que celles dont nous avons parlé hier. Je veux absolument faire restaurer le temple d'Aménophis III à Kawa. Je souhaite y revoir les cultes d'Amon et d'Atoum. J'y serai représenté avec Amon et Aton.

– Roi, pourquoi n'y ajouterais-tu pas ta marque ? Tu comptes restaurer les temples de tes ancêtres, ce qui est très honorable. J'ai prévu moi-même un programme chargé. Mais il faut aussi que Toutankhamon ait ses propres statues et ses temples.

– Nous manquons de biens, tu l'as justement souligné...

– Ériger un petit temple à colonnes à Kawa ne coûterait pas très cher...

Les yeux de Toutankhamon brillèrent d'envie et de fierté.

– Tu as raison.

– Qui s'occupera désormais du temple d'Aménophis ? N'oublie pas que ces temples doivent être protégés et gardés si tu veux qu'ils demeurent intacts.

– Je connais Panakht. Il a fait un bon travail en Nubie. Pourquoi ne pas le mettre à la tête de ce temple ?

– Il est compétent.

– Je pourrais aussi prévoir une fondation à Faras.

– Qui serait en rapport avec celle de Kawa. Voilà une excellente idée. Je t'y encourage. Attends seulement que les tributs renflouent nos caisses !

– Khai ne serait-il pas l'homme idéal pour devenir premier prophète du roi ?

– Il est surintendant de la région du Sud.

– Nous pourrions lui offrir une promotion qui l'encouragerait à faire un travail impeccable.

– Roi, tu connais l'ambition des fonctionnaires. Ils ne pensent qu'à reproduire sur les murs de leur tombe les hauts faits réalisés de leur vivant !

– Veux-tu dire que je dois inviter Khai à dessiner dans sa future tombe les cadeaux que je lui donne ?

– Il serait flatté et il te servirait pendant toute sa vie comme un esclave.

– Il faut savoir contenter les fonctionnaires. Je n'ai, cependant, pas besoin de lui rappeler ce qu'il doit faire. Il a déjà prévu de rendre notre amitié éternelle ! Mais je n'oublierai jamais que je suis « le pharaon qui doit plaire aux dieux », tel est l'un de mes cinq noms principaux. Aussi dois-je sans cesse songer à Amon, Rê, Atoum, Rê-Horakhty.

– Fais-leur construire un autre temple !

– Ce serait une occasion de me faire représenter en roi divinisé comme Aménophis III l'a fait dans son sanctuaire de Soleb.

– Le tien serait situé plus au nord.

– Cette région m'est très chère, Horemheb.

– Tu ne la connais pas !

– J'ai l'impression de l'avoir vue des dizaines de fois.

La reine Tiyi en parlait si souvent ! Elle affirmait que le berceau de ses ancêtres se trouvait là.

– La reine Tiyi est partie avec ses secrets.

– Parles-tu de ses origines ?

– Je fais allusion à ses ancêtres d'origine nubienne.

– Est-il certain qu'ils étaient nubiens ?

– De nombreuses rumeurs ont circulé à ce sujet.

– Je suis, moi aussi, très attiré par ces régions. Satamon avait encouragé son père à entretenir les temples des pays de Koush et de Ouaouat. J'ai avec moi de nombreux hommes qui pourront me seconder sans difficulté.

– À qui penses-tu ? demanda Horemheb, toujours inquisiteur.

– Ne prends pas ce regard suspect. Je songe à des êtres irréprochables comme Houy qui a obtenu sa tâche de son père, serviteur fidèle d'Aménophis III et ami du pharaon, dont les origines sont les plus nobles qui soient.

– Je dois reconnaître que nous n'avons jamais eu un scribe des messages aussi compétent. Il était, en Nubie, le bras droit du très brillant Mérymès. Il connaît parfaitement la région. Grâce à sa fonction de héraut du roi dans tous les pays, il a appris à affronter tous les peuples, à les apprécier et à se faire respecter.

– N'oublie pas qu'il a été porte-éventail avant d'exercer ces fonctions.

– C'était un intendant compétent. Il gérait le bétail d'Amon dans le pays de Koush.

– Il surveille surtout l'or qui vient de ces régions et qui m'appartient désormais. Quand les Koushites se sont rebellés à la fin du règne d'Akhenaton, Houy n'a pas hésité à rejoindre les escadrons égyptiens. Il est devenu « courageux du roi chez les cavaliers » malgré les actions inefficaces de nos soldats.

– À quoi penses-tu, Toutankhamon ? Je vois combien tu apprécies Houy et tu en parles avec une telle admiration !

– Horemheb, j'aimerais que ce vice-roi soit intronisé et qu'il reçoive de ma part tous les honneurs.

– À la bonne heure ! N'est-ce pas un peu excessif ?

Le général n'aimait guère les récompenses trop ostentatoires.

– Quand tu lui auras donné encore d'autres titres et d'autres biens devant la cour réunie, Houy deviendra inefficace. Je connais les hommes. Dès qu'ils sont inondés de dons, ils deviennent paresseux et fiers. Tu ne pourras plus rien en tirer. Il ne pensera qu'à sa tombe, à ses richesses et à son bien-être.

Toutankhamon prit énergiquement la défense d'Houy.

– Je me porte garant de ce fonctionnaire qui est aussi un ami ! Je tiens à le combler publiquement avant de lui reciter la liste de ses tâches qui seront considérables.

– Le vice-roi de Faras sait mettre ses titres en avant. Il fait modifier régulièrement les murs de sa tombe.

– On ne peut pas reprocher aux fonctionnaires d'être fiers de leurs fonctions.

Comme un silence accueillait une nouvelle fois les paroles du pharaon, Toutankhamon le brisa avec humeur.

– Allons, général ! Dis-moi ce qui te chagrine au sujet de Houy. Tu ne peux lui reprocher aucun forfait. Il a toujours accompli son travail correctement. Il mérite les récompenses que nous lui avons données...

– En effet, répondit Horemheb. Je dois le reconnaître. Cependant, sa sœur est envahissante ! On dit qu'elle est devenue la femme la plus influente de Nubie !

– Temouadjès aide son frère le mieux qu'elle peut. Quand il est en voyage ou à Akhetaton, elle le remplace avec autorité et efficacité.

– On raconte que Houy voudrait en faire son épouse.

– Pourquoi pas ?

– Mais Houy n'est pas pharaon et ne peut donc se marier avec sa sœur !

– Oui, en ce sens, tu as raison. Je vais demander à Temouadjès d'être la responsable de mon harem. Elle me trouvera de belles Nubiennes ! Son frère me les apportera.

– Et à qui confieras-tu la tâche d'assister Houy dans le pays de Ouaouat et dans celui de Koush ?

– Amenemipet. Quand Houy retournera dans son pays après son intronisation, je lui demanderai d'accueillir le vice-roi avec des offrandes et de l'or. Houy résidera dans la capitale nubienne. Il sera aidé du maire de Soleb à qui j'ai confié la tâche délicate de surveiller le temple d'Aménophis III, du maire de la capitale qui porte le même nom que lui, du premier prophète de mon temple, des prêtres, du chef de la garnison que tu as choisi, le courageux Paeno, et des seconds prophètes.

*
**

Quelques jours plus tard, le couple royal retourna à Akhetaton avec la ferme conviction qu'il reviendrait à Thèbes. Les fonctionnaires retournèrent en Moyenne-Égypte l'esprit en joie. Ils avaient compris que Thèbes serait probablement la nouvelle capitale.

Dès qu'il fût rentré, Toutankhamon tint sa promesse. Il organisa une grande fête pour introniser Houy. Le peuple accepta ces festivités avec beaucoup de bonheur. Ceux qui n'avaient pas fait le voyage à Thèbes, étaient heureux de retrouver leur souverain tout sourire sous un dais majestueux abritant son trône d'or incrusté de pierres précieuses. Il semblait encore plus jeune dans sa longue tunique plissé en lin auprès de la reine attendrie.

Le roi portait dans l'une de ses mains le crochet et le fouet du pouvoir et de l'autre la croix *ankh*. Il ne cessait de tapoter du pied avec ses sandales en or sur l'estrade en bois. Le roi s'adressa au peuple sur un ton humble et charmant.

– Le devoir m'attend, leur dit-il. J'ai promis, aujourd'hui, à plusieurs hauts fonctionnaires de les faire accéder aux rangs suprêmes.

La foule applaudit longuement en poussant des cris. Le souverain leva la main pour les apaiser. Il posa les attributs du pouvoir contre son trône et se leva.

– En attendant que ces hommes vous montrent leurs récompenses selon la tradition égyptienne, buvez, mangez, plaisantez, soyez heureux ! Nous allons vous servir. Des tréteaux ont été dressés pour vous être agréables.

Les Égyptiens levèrent leurs bras au-dessus de leur tête et applaudirent vivement. Le roi invita la reine à le suivre.

– Nous allons rejoindre la salle du trône, murmura-t-il. Houy doit être impatient...

– Tu es bon et généreux, mon cher époux.

Quand il entra dans la salle aux côtés d'Ankhesenamon, le roi donna aussitôt ses ordres.

– Faites entrer Houy, dit-il, ainsi que tous les fonctionnaires qui seront témoins des honneurs qu'il va recevoir !

L'ami du roi se présenta devant son souverain avec émotion. Toutankhamon eut presque envie d'éclater de rire en le voyant si impressionné.

– Je suis ton ami, lui rappela-t-il.

– J'en suis flatté, répondit Houy en s'inclinant.

Il portait, lui aussi, une longue tunique plissé.

– Pose ton flabellum.

Les aides du fonctionnaire se placèrent derrière lui en suivant les recommandations du divin père Aÿ.

– Le trésorier t'attend, ajouta le roi en désignant du bras son intendant.

Houy se dirigea vers le fonctionnaire.

– Tu règnes sur une région immense et difficile, riche et convoitée, lui dit l'intendant. Tu es le maître, d'Hiérakonpolis à Napata.

– Qu'Amon donne à mon roi tout ce qu'il souhaite.

Les fonctionnaires ajoutèrent ensemble comme ils en avaient l'habitude :

– Fils d'Amon, Nebkheperourê, que tous nos alliés te saluent et t'apportent leurs redevances !

Aÿ s'avança à son tour et remit un anneau en or à Houy en lui précisant quelle serait sa fonction.

– Je te remercie, divin Père, répondit Houy, les larmes aux yeux.

Puis il tomba aux pieds de la reine.

– Puisses-tu, Ankhesenamon, devenir mon amie à l'égal du roi.

– Que tout soit clair, dit le roi en s'adressant à Houy et à tous ceux qui constituaient l'assemblée, je ne t'ai pas honoré en ce jour parce que tu es mon ami mais parce que tu es le plus efficace vice-roi de Nubie que l'histoire ait connu après le très brillant Mérymès.

– Qui m'a beaucoup appris et qui a été un excellent maître.

– Tu peux repartir fêter ce jour avec ta famille. Tes frères t'attendent. Tes serviteurs et tes hommes vont t'accueillir comme il se doit. J'ai pris soin de tout organiser. Mais tes fidèles serviteurs ont préparé eux-mêmes la réception et ils te sont très attachés.

XXIV

Paser, le frère de Houy qui était en charge des chevaux, se précipita pour embrasser et féliciter son aîné. Il lui glissa le bras autour de l'épaule et l'encouragea à le suivre. Les fonctionnaires ne retinrent pas leur joie. Ils n'étaient pas jaloux de Houy qui travaillait beaucoup et qu'ils ne voyaient que très rarement. Ils préféraient vivre près du roi plutôt qu'en Nubie et ils n'auraient échangé pour rien au monde leur poste contre le sien.

Une jeune servante remit un bouquet de fleurs à Houy au moment où il sortait du palais. Les fonctionnaires qui avaient été désignés pour le servir en Nubie le félicitèrent longuement. Puis ses serviteurs, qui avaient fait le déplacement jusqu'à Akhetaton, son équipage et tous ses scribes lui jetèrent des fleurs et des branches de myrrhe. Ils l'accompagnèrent à grands bruits jusqu'au temple d'Aton.

– Dois-je repartir aujourd'hui même pour la Nubie ? demanda Houy à Aÿ qui était très ému.

– Tu n'as pas le choix. Le pharaon l'a décidé ainsi. Mais je ne pense pas que tu sois le plus malheureux des hommes !

– Père divin, je suis comblé. Toutankhamon, que je chéris comme un frère, m'est soudain apparu comme un pharaon grand et sublime. Il n'était plus un simple compagnon de jeu. Il était devenu cet être inaccessible que nous allons tous vénérer.

– Tel est le sort des rois, répondit Aÿ qui n'était plus impressionné par les pharaons depuis longtemps. Va rendre hommage à Aton et remonte sur ton bateau. Il est presque aussi beau que celui du roi. Tu vas administrer un très grand domaine. Le roi a fait décorer pour toi l'intérieur de la cabine principale. Sur la poupe apparaît Pharaon dominant un prisonnier nubien.

– Les Nubiens se rappelleront ainsi que Toutankhamon est le plus fort. Quand j'arriverai en Nubie, ils verront immédiatement la figure du roi.

Ay accompagna Houy jusqu'au temple. Il l'aida à honorer le dieu thébain puis il l'incita à se presser et à regagner son bateau. Sur les bords du Nil, Houy retrouva sa mère et ses deux fils. Derrière eux se tenaient sagement ses servantes et une adoratrice d'Aton qui se mit à chanter. L'équipage mit un certain temps pour charger les mets, les jarres d'eau et surtout les abondants présents que Houy avait reçus. Puis des danseuses arrivèrent.

– Elles ont été louées par le roi ! expliqua Aÿ.

La mère d'Houy tomba une nouvelle fois dans les bras de son fils.

– Quels honneurs !

– Partons maintenant ! répondit Houy. Je ne veux pas décevoir le roi !

La foule, massée sur les bords du fleuve, applaudit et chanta en même temps que les professionnelles jusqu'à ce que le bateau s'éloignât.

– Bon vent Houy, murmura Aÿ en remontant dans son char. Je suis sûr que le roi a fait là un bon choix. Nous sommes tranquilles du côté de la Nubie. Mérymès était vaillant. Houy est au moins aussi brillant. Je suis convaincu qu'Horemheb est d'accord avec moi !

Peu à peu les Égyptiens regagnèrent leur demeure en chantant. Ils commençaient à oublier la sinistre période pendant laquelle l'Égypte avait été endeuillée. La maladie semblait reculer devant le bonheur retrouvé du peuple.

De son côté Houy se tenait fièrement sous le *naos* qui l'abritait. Il tenait la main de sa mère avec affection. Il la porta à ses lèvres en lui demandant ce qu'elle ressentait en ce jour exceptionnel.

– Mon fils, je suis si heureuse pour toi ! Tu mérites tant ces honneurs !

– Tu dis cela parce que tu me vois avec les yeux de l'amour...

– Non. Je t'accompagne. Tes frères t'aident dans ton travail. Nous savons tous que tu passes des heures à œuvrer pour Pharaon.

– Regarde les Égyptiens qui chantent sur la rive du fleuve. N'est-ce pas magnifique de les entendre enfin s'exprimer ?

Partout, d'Akhetaton à Thèbes et jusqu'à Assouan, le peuple avait retrouvé sa joie de vivre. Actif, il vaquait à ses occupations et cessait de se lamenter sur les années noires.

– Crois-tu, mère, que les ans terribles sont derrière nous ?

– Mon fils, je pense que nous avons un excellent roi et que sa compagne est honnête, attendrissante et généreuse. Si les dieux leur permettent de régner longtemps, l'Égypte sera prospère.

– Et vous mes frères ? demanda Houy. Comment voyez-vous l'avenir ?

Le chef des chevaux reconnut que sa mère parlait bien.

– La situation est inquiétante à l'étranger. Le roi et Horemheb sont prêts à tout arranger. Hormis ces problèmes internationaux et les dissensions qui existaient entre les clergés, je suis moi aussi persuadé que tout sera désormais normal en Égypte.

– Pour peu que les fonctionnaires d'Akhenaton obéissent au nouveau roi et que le clergé d'Aton accepte celui d'Amon.

– À toi de contenter le roi en faisant construire comme il le souhaite des temples à tous les dieux.

– Y compris à Toutankhamon vénérant le dieu solaire et le dieu thébain...

– ... Et toutes les divinités. Le roi a l'intention de venir prochainement en Nubie. Aÿ me l'a confirmé. Il faut que tu lui prépares un programme qui lui plaise. Songe déjà aux lieux où tu pourrais faire construire un nouveau temple.

– Nous allons d'abord restaurer. Dès que le divin Père Aÿ nous aura fait transmettre les matériaux nécessaires, nous ouvrirons les chantiers.

– Visite chaque sanctuaire et chaque village. Fais le bilan des travaux à effectuer.

– Horemheb et Semenkharê l'avaient fait avant moi.

– Soit ! Reprends les archives et n'oublie rien.

– Tes frères ont raison, dit la mère de Houy. Le roi mérite le meilleur et tu vas le lui donner.

Habitué à être respecté et obéi mais faible face au ton impératif de sa mère, Houy s'inclina. Il regarda l'horizon.

– Nous avons bien avancé, constata-t-il. Nous serons dans quelques jours à Ouaouat. Oui, mère, tu as raison. Je tiens absolument à m'occuper de tout et à tout contrôler. Pour commencer, je vais surveiller les redevances. J'ai compris que le pharaon avait besoin de fonds et que les impôts ne rentraient pas comme il fallait. Il m'a choisi parce qu'il sait que je ne plaisante pas sur ce point et qu'il aura des résultats. Je les lui ai promis. Nous avons un besoin impératif de ressources. Je me rendrai partout. Je parlerai aux ouvriers et aux paysans pour leur redonner courage. J'organiserai des expéditions et je surveillerai moi-même le bétail si c'est nécessaire. J'enverrai des expéditions chercher de l'ébène. Les artistes nubiens, si habiles qu'Aménophis III leur commandait régulièrement des pièces, sauront faire des meubles et des objets magnifiques.

– Tu as raison. Les rois égyptiens ont toujours aimé les produits nubiens.

– Les orfèvres sont d'excellents artistes. J'assurerai dans nos régions une sécurité absolue. Si un seul village ose se rebeller, j'interviendrai aussitôt avant que la révolte ne dégénére. Je veillerai aussi à ce qu'aucun scribe ne dérobe un seul anneau en or ni même une poignée d'or.

– Le scribe Kha sera à la hauteur pour ce genre de tâche.

– Ainsi qu'Horénéfer qui s'occupe plus particulièrement des objets précieux. Sous peu, je le jure devant tous les dieux réunis, je repartirai pour le palais de Toutankhamon avec un cortège exemplaire : des animaux exotiques, des produits rares enfermés dans des sacs, des princesses de Ouaouat et de Koush, des prisonniers rebelles avec leur famille prêts à servir le roi. Les nobles m'aideront à mater tous les belliqueux.

– Tu connais bien Toutankhamon. Ce jeune roi s'ennuie vite. S'il ne gouverne pas seul et si ses conseillers se montrent trop présents, je doute qu'il ne s'amuse beaucoup sur son trône.

– Ce défilé le distraira.

– Tu es plein d'ambition, mon fils. Mais réunir de telles richesses, assurer la paix dans des régions animées et accumuler suffisamment de biens pour que le roi puisse envoyer des soldats dans tous les pays ne sera pas si facile...

– Ne t'inquiète pas, mère.

– Mon âge m'a permis de voir plusieurs rois sur le trône. Ils peuvent se montrer aussi généreux qu'impitoyables. Toutankhamon a besoin de toi dès maintenant. S'il n'est pas satisfait de ton action, que deviendras-tu ?

– Allons ! Je vais continuer mon travail.

– Le pharaon veut des résultats rapides.

– Il les aura. Nous allons nous fixer des échéances.

Houy demanda à ses frères d'être très attentifs.

– Je jure devant vous que mon temps sera entièrement consacré à servir Pharaon. Si jamais vous constatiez que j'en prends à mon aise et que j'oublie ma mission, remettez-moi dans le droit chemin ! Dans six mois, il faudra que je rende de nouveau visite au roi. Je lui ai promis de bonnes nouvelles.

– C'est très court, Houy. Tu as peut-être été trop ambitieux.

– Vous allez m'aider. Je saurai parler pour vous à Pharaon.

Les deux frères avaient beaucoup envié les honneurs que Houy avait reçus. Ils se voyaient déjà devant le pharaon, le corps courbé recouvert de poudre d'or nubien.

– Nous sommes trois, n'est-ce pas ? insista Houy.

La vieille femme exigea des réponses.

– N'entendez-vous pas votre frère ?

– Oui. Nous avons toujours été liés par l'amour. Rien ne nous désolidarisera.

La mère s'empara des mains de ses fils et les garda contre son cœur comme si elle scellait un pacte indissoluble.

XXV

En rentrant à Akhetaton, Toutankhamon s'étonna qu'Aÿ passât tant de temps à mettre la correspondance à jour.

– Pharaon. il s'agit là de toutes les lettres qui ont été échangées entre les anciens pharaons et les rois étrangers. Il est indispensable de les conserver.

– Mais nous ne pouvons tout garder ! Si nous partons vivre à Thèbes, nous laisserons la correspondance ici.

– Il n'en est pas question ! En réalité, j'ai déjà commencé à trier ces lettres.

– Il sera impossible de tout emporter ! Ces briques, qu'elles soient carrées ou rectangulaires, en argile crue ou cuite, sont toutes très lourdes ! Nos scribes ne comprennent pas l'écriture de la plupart d'entre elles !

– J'ai jugé bon de faire initier tous les scribes de la cour au cunéiforme ! Autrefois, les rois égyptiens se contentaient d'écrire en hiéroglyphes. Aujourd'hui, nous devons aussi nous appliquer à connaître la langue des rois asiatiques.

– Père Aÿ, regarde toutes ces briques ! Il y en a dans ces deux salles. La plupart font référence à des dossiers obsolètes. Combien de chars ou d'ânes nous faudrait-il pour transporter toutes ces pièces ?!

– J'ai déjà fait un tri conséquent.

Toutankhamon appela le chef des archives Rêapi et l'Égyptien chargé du sceau Tétnou.

– Ils savent parfaitement déchiffrer le cunéiforme. Ils t'aideront dans cette tâche. Je te demande de ne garder, Père Aÿ, que l'indispensable.

– Et que ferons-nous du reste ?

– Nous le laisserons à Akhetaton. En cas de besoin, nous pourrons toujours venir chercher ces lettres.

– Dans ce cas, fais également venir le Babylonien Shami qui nous sera d'une aide importante. Qu'allons-nous faire des briques que je garderai ?

– Rassemblons-les et mettons-les en tas. Nous les envelopperons et nous les entourerons de liens solides.

Comme le scribe responsable des archives était déjà là, Toutankhamon lui demanda de traduire quelques lettres.

– « Moi, petit roi de la région la plus proche d'Amourrou, je te salue. Je suis ton serviteur, poussière du sol et sabot de ton âne, siège de ton trône, semelle de tes sandales que tu peux fouler. Je me traînerai sur le sol pour te plaire. Je t'adresse une hécatombe et des femmes. »

Le roi l'interrompit.

– Lis-moi celle-ci...

Le scribe parcourut la lettre d'un tributaire, tout aussi dévoué et obséquieux.

– Père Aÿ, reconnais que ces roitelets sont ennuyeux. Ces missives ne nous apportent rien. Pourquoi les conserver ?

– Toutes ces lettres doivent rester dans les archives ou la Maison de vie. Elles font partie de l'histoire !

– Celles qui sont importantes demeureront. Les autres seront jetées. Les plaintes ou les demandes au secours des rois alliés ne cessent d'arriver à Akhetaton. Voilà la lettre d'un commerçant qui regrette d'avoir perdu ses biens en venant vivre à Akhetaton.

– Où habitait-il ?

– Qu'importe ! À Thèbes ! Mais ses lamentations pas plus que celles des rois qui ont besoin de notre aide ne resteront dans l'histoire !

– Pharaon, craindrais-tu qu'on sache plus tard que le roi égyptien ne s'est jamais précipité pour aider ses alliés ? En échange des rétributions qu'ils nous font parvenir, il est normal de leur envoyer quelques soldats en cas de besoin...

– Ils se sentent menacés en permanence. Nous n'avons pas toujours des archers à leur envoyer. Tu peux garder ces lettres si tu le juges bon. Pour ma part, je les trouve inutiles !

Tout en respectant les volontés du roi, Aÿ se promit de faire un choix moins restreint que ne le voulait le pharaon. Il avait compris depuis des années que les exemples de l'histoire pouvaient aider les souverains à gouverner. « Toutankhamon sera bien content de lire une correspondance qui le renseignera sur le caractère de tel ou tel souverain, sur les habitudes de tel ou tel peuple et sur la fourberie de certains... Pour le moment, il ne comprend pas tous les enseignements qu'il peut tirer de ces multiples lettres. Il est, en effet, impossible de tout transporter si nous partons à Thèbes. Je n'en garderai pas moins l'essentiel. »

Comme il avait déjà mis de côté un bon nombre de briques, Aÿ ne jugea pas nécessaire de travailler avec le scribe chargé des archives.

– Que vais-je dire au pharaon s'il m'interroge ? demanda celui-ci, gêné.

– Tu étais présent lorsque j'ai fait un premier travail. Tu répondras au pharaon que nous avons accompli notre devoir en lui obéissant. Il ne m'en faudra pas moins trier les lettres que nous emporterons et celles que nous laisserons ici.

– Pourquoi refuses-tu mon aide ? Tu iras plus vite avec moi.

– Soit !

– Pourquoi se charger ? Akhetaton ne va pas disparaître ! Le couple royal viendra régulièrement ici ! Si tu as besoin d'une lettre, il suffira de me prévenir ou de m'envoyer un messager.

– Je ne suis pas certain que tu resteras ici, lui apprit Aÿ.

– Comment ? Mais mon travail est à Akhetaton ! Que ferais-je ailleurs ? Je dois surveiller ces archives !

– Nous aurons également besoin d'un bon archiviste à Thèbes.

– Je ne vais tout de même pas laisser ainsi toutes ces briques !

– Ces deux pièces seront hermétiquement fermées.

Le scribe avait manifestement des scrupules à abandonner la correspondance royale.

– Si tout le monde part, qui surveillera le trésor, les tombes, les demeures des riches fonctionnaires, les salles du palais ?

– Je ne sais encore, scribe. Nous laisserons sur place des garnisons.

– Des pilleurs rôdent sans cesse. Les villageois se hasardent souvent aux portes de la ville à l'affût d'un animal de ferme, d'un fruit ou d'un légume à voler. On raconte qu'ils viennent la nuit chaparder dans les jardins. Qu'arrivera-t-il si nous partons ? Les portes du palais seront forcées. Les archives seront détruites. Les biens seront volés et revendus sur les marchés.

– Je ne pense pas que des pilleurs s'intéresseront à de simples briques sans valeur. Ils préféreront voler l'or nubien.

Aÿ crut bon de rassurer le scribe qui paraissait anéanti.

– Je sais que tu veilles sur ces pièces comme sur des trésors inestimables. Je serais prêt à te jurer que cette correspondance restera intacte pendant des millénaires. Ces briques en argile sont indestructibles sauf si on les jette contre un mur. Tu poursuivras tes classements à Thèbes.

– Je n'ai guère le choix.

– Rassure-toi. Je sais que tu seras comblé car tu travailleras à Malqatta. Le lieu est si vaste que tu auras une maison des archives pour toi seul. Tu travailleras dans d'excellentes conditions.

Le Babylonien formula la question qui lui brûlait les lèvres en s'excusant de déranger.

– Oui, toi aussi, tu accompagneras le roi à Thèbes.

– Je ne connais pas la ville.

– Nous avons besoin de toi. Préférerais-tu être prisonnier dans un cachot d'Akhetaton ?

Aÿ savait surtout que Toutankhamon aurait besoin de nouveaux alliés. « Des hommes forts et insoupçonnables ». Grâce à eux, l'Égypte redeviendrait un empire puissant et réussirait à faire régner la paix. « Toutankhamon devra prendre connaissance de la correspondance que son père avait avec les roitelets. Il estime qu'il peut s'adresser à eux comme à des inférieurs. Si nous avons des alliés, il faudra leur écrire sur un plan d'égalité. Mais quel petit souverain Toutankhamon acceptera-t-il de traiter de "frère" ? »

– Babylonien ! ajouta Aÿ. Je voudrais que tu lises régulièrement des lettres au roi afin qu'il s'imprégne de l'esprit avec lequel elles ont été écrites. Crois-tu cela possible ?

– J'en serais très fier !

– En es-tu capable ?

– Bien entendu ! Je sais tout traduire ! Mais je doute que le pharaon accepte ma présence et prenne le temps de m'écouter.

– Tu as une belle voix et tes traductions sont parfaites. Pourquoi serait-il réticent ? Je vais lui faire comprendre qu'il n'a pas le choix !

– Parle-lui d'abord, divin Père Aÿ. Si tu réussis à le convaincre, je serai prêt.

– Tes collègues babyloniens ont une puissance presque aussi grande que la nôtre. Je voudrais que nous commencions par lui lire les lettres qu'Aménophis III a échangées avec le roi de Babylone en lui refusant ses filles en mariage. Il s'agissait d'une erreur. Le pharaon a reçu des princesses babyloniennes à la cour égyptienne. Aussi devait-il rendre la pareille à ton roi.

– Estimes-tu que Toutankhamon devrait choisir des princesses babyloniennes dans son harem ?

– Pourquoi pas ? Les Assyriens se sont rapprochés des Babyloniens qui ont gardé contre les Égyptiens une certaine rancœur. Ce serait l'occasion d'oublier nos différends. S'allier avec l'Assyrie et la Babylonie serait une grande réussite. Tu peux nous y aider. Tu connais mieux que personne l'état d'esprit de ton roi.

– Père Aÿ, tu cherches avant tout à éviter une coalition entre les vassaux et les alliés mécontents et nos voisins ambitieux.

– Comme toujours. Akhenaton aurait dû la prévoir. Je reste persuadé comme Horemheb qu'en évitant les coalitions nous n'avons pas besoin de laisser sur tous nos territoires, aussi éloignés fussent-ils, des soldats en permanence. Inutile de faire sans cesse preuve d'autorité et de tyranniser les peuples. Inutile de prévoir des fonctionnaires et des scribes sur des terres acquises. Ces lettres que tu tiens dans la main apprendront à Toutankhamon l'art de la diplomatie et de la politique.

– Avant tout, le pharaon doit être conscient qu'il faut mettre précieusement de côté les traités d'alliance et les déclarations de guerre.

– Ne t'en préoccupe pas. J'ai déjà mis ces briques à l'abri. Tu les liras et les reliras en premier au pharaon. Toutankhamon doit comprendre pourquoi les Hittites n'ont pas respecté leur contrat.

– Je pense qu'une alliance entre l'Égypte et la Babylonie n'est pas exclue.

– Formons déjà le jeune roi et proposons-lui des solutions. Ma petite-fille devra se plier, comme les autres épouses, au devoir du roi.

XXVI

Aÿ passa dans le bureau des archives beaucoup plus de temps qu'il ne le pensait. Il ne voulait rien laisser au hasard.

Le scribe reprit les différents articles du traité signé entre les Hittites et les Égyptiens.

– Les deux parties rappellent qu'elles sont favorables à la paix et au repos, qu'un traité d'alliance est pour elles primordial. Elles reconnaissent aussi qu'elles deviennent des alliées. Ah voilà ce que je cherchais...

Aÿ se pencha au-dessus de l'épaule du scribe qui pointa le doigt sur le dix-neuvième article.

– L'engagement était clair. Les fils et les filles du roi hittite devaient s'unir aux enfants de Pharaon.

– En effet. Le roi n'a pas toujours respecté ces articles.

– Que dire des Hittites ? Ils devaient ne jamais envahir l'Égypte. En échange de quoi, les Égyptiens ne pouvaient être hostiles à leur égard.

– Tout cela prouvera à Toutankhamon que l'on doit se méfier des traités et des faux alliés.

– Je crois aussi, Père Aÿ, que le roi apprendra beaucoup sur les engagements financiers ou commerciaux à partir de ces textes.

– Montre-moi la suite.

– Je vais te la lire. Les Asiatiques ont toujours possédé les matières premières dont nous avons besoin. Sans elles, comment fonctionneraient les ateliers et les entreprises ? En échange de l'or, du bois, des métaux qu'il réclamait le roi donnait des bijoux, des ustensiles en argent et des meubles de valeur.

– Toutankhamon doit apprendre que dans ces transactions, les pharaons ont toujours estimé eux-mêmes le prix de ce qui leur était offert et qu'il était bien en deçà de leur valeur réelle.

– Il est normal que les pharaons gardent une commission.

Le père Aÿ éclata de rire.

– Tu n'es guère respectueux des contrats ! Oublies-tu combien les rois étrangers se sont plaints du coût de nos produits ?

– Tout ce qui vient d'Égypte n'a pas de prix !

– Tel n'est pas l'avis de ce roi qui avait du bronze en quantité impressionnante et qui s'est estimé dupé par le pharaon.

– Aménophis III prétend que son or n'était pas pur.

– Il est de mauvaise foi ! Notre force vient surtout de nos artistes. Nous possédons des artisans accomplis. De tous nos ateliers sortent des produits exceptionnels.

– Rares sont les artistes étrangers qui égalent les nôtres.

– Nous devons donc avant tout les retenir et les empêcher de se vendre à d'autres pays.

– Les sanctions prévues pour qui commet un pareil délit sont déjà très lourdes.

– N'hésitons pas à les modifier et à ajouter une amende. Si nous perdons nos artisans alors que nous manquons de matières premières, nous n'aurons plus de monnaie d'échange. C'est très important pour nous. Pendant le transfert de la cour qui va s'effectuer d'Akhetaton à Thèbes, nous risquons de perdre de véritables artistes jusque-là dévoués au pharaon. Des étrangers les guettent et savent les décider avec des lingots d'or.

– N'y aura-t-il aucune exception ?

– Il faudrait que nous donnions à ces artisans une autorisation particulière. Seul le roi aura le droit de la délivrer. Si un artisan quitte l'Égypte pour monter son entreprise en vendant des produits qu'il aura appris à confectionner ici, il sera maudit !

– Mais nous ne pourrons plus rien contre lui...

– Voilà pourquoi je préfère retenir nos artisans et les faire surveiller.

– S'ils sont pris en faute que leur arrivera-t-il ?

– Nous confisquerons leurs biens. Leurs terres seront rasées. Ils pourront être mutilés. S'ils tissaient, leurs mains seront coupées. S'ils travaillaient avec leurs yeux, ils seront privés de la vue.

Le scribe frissonna. Il suivit Aÿ dans la seconde salle.

– Voilà encore bien d'autres enseignements à tirer de ces briques en provenance d'Asie, dit le Père divin. Toutankhamon y apprendra que les Égyptiens possèdent la flotte la plus redoutable de la Méditerranée. Il n'en doute pas comme tous les autres Égyptiens. Mais, en lisant ces correspondances, il comprendra enfin pourquoi nous sommes les plus redoutables dans le domaine maritime. Nous savons, certes, fabriquer des bateaux effilés et longs qui glissent sur les mers avec des proues ornées de béliers, de lotus, de gazelles ou de taureau. Mais, lorsque la nécessité se fait sentir, nous transformons ces animaux inoffensifs en éperons efficaces qui font trembler tous nos adversaires !

– En lisant, tout cela je puis te confirmer, Père divin, que le pharaon apprendra comment envoyer des troupes sur les côtes asiatiques, sillonner les rivages, traiter avec les Crétois ou les Chypriotes. Car notre flotte sait aussi partir pour des raisons économiques et commerciales. Nos échanges sont nombreux et fructueux.

– Tu as raison, scribe. Le roi doit apprendre à traiter avec de redoutables commerçants. Les Crétois sont malins.

– Les marins des côtes asiatiques, que les Égyptiens reconnaissent à leur pagne court et coloré, à leurs cheveux frisés et à leurs petites bottes, sont des rivaux rusés en ce domaine. Ils font du commerce avec tous les îlotes grecs.

– Ces hommes arrivent ici avec des femmes volées on ne sait où ! répliqua avec dédain Aÿ.

– Beaucoup d'Égyptiens les haïssent. On prétend qu'ils sont fourbes et retors parce qu'ils sont plus habiles que les autres. Mais les harems égyptiens et babyloniens sont remplis de ces femmes achetées sur les marchés. Les rois n'ont aucun scrupule à se les procurer.

– Hélas ! dit encore Aÿ. Nous préférons composer avec ces marins. Ils ont le droit de faire leur commerce à condition de payer un tribut au roi.

Le scribe et le Père divin s'avancèrent vers une table autour de laquelle s'affairaient encore des employés qui étaient penchés sur des briques où figuraient des mots en cunéiforme, des idéogrammes inconnus d'Aÿ, leur traduction en babylonien et des indications sur la manière de les prononcer.

Les employés étaient en train de traduire des formules de politesse. Aÿ lut l'une d'elles :

– « Sois l'esclave du roi égyptien puissant comme l'astre solaire. »

– J'ai rangé à cet endroit d'autres plaintes de vassaux, d'alliés ou de fonctionnaires... expliqua le scribe.

– Toutes les lettres de Tushratta, d'Aménophis III, des rois hittites et babyloniens, d'Akhenaton...

– Ce sont autant de souvenirs pour Toutankhamon.

– Le roi n'a pas eu la joie de connaître Tushratta mais il a vu défiler à la cour de nombreux ambassadeurs dont voici les lettres.

– Les plus importantes sont celles de nos hérauts envoyés dans toutes les parties du monde, dit le scribe.

– Ils ont toujours fait leur métier avec courage malgré la difficulté et le danger ne sachant s'ils reverraient, un jour, leur famille. Ces hérauts du roi ont tout vu. Ils habitaient dans les pays vassaux de l'Égypte et ne revenaient que tous les cinq ou sept ans. Leur enseignement est riche et exceptionnel. Toutankhamon les aime particulièrement. Certains ont servi Aménophis III avec beaucoup de zèle. Je sais que le roi fréquente Toutou et Kayou. Ils sont maintenant âgés et lui racontent des histoires depuis l'enfance. Le roi a ainsi appris à connaître de nombreuses civilisations.

– J'ai cru comprendre que ni l'un ni l'autre ne souhaitaient suivre la cour à Thèbes.

– Ne les blâmons pas. Ils sont fatigués et ils ont bien travaillé. Ils sont maintenant installés à Akhetaton et ne pensent qu'au repos.

– Toutou serait pourtant bien utile au roi. Il a réglé toutes les affaires extérieures lorsque Akhenaton refusait de s'en occuper personnellement.

– Toutou a eu fort à faire ! Comment persuader les autres que le pharaon est le plus puissant quand il ne se montre plus depuis des années et qu'on le sait souffrant ? Sa faconde et son dévouement nous ont sortis de l'impasse.

– Quel merveilleux guide il ferait pour Toutankhamon qui l'écoute béatement depuis sa plus tendre enfance !

– Tu as raison. Je devrais peut-être essayer de le convaincre de nous suivre à Thèbes. Ces hommes sont tellement précieux ! Regroupe déjà leurs lettres et mets-les en priorité dans le tas à emporter.

– Voilà encore quelques sacs...

– Que contiennent-ils ?

– Les dépêches des hérauts du roi.

– Leur rôle n'est guère important dans la hiérarchie.

– Le pharaon peut compter sur eux. Ils sont corvéables à merci. Que faisons-nous ? Gardons-nous leurs messages ?

Aÿ hésita. Il lut quelques textes au hasard et sourit à plusieurs reprises.

– Vois-tu, scribe, tous ces écrits sont des témoignages de la vie quotidienne en Égypte mais aussi dans tous les pays que le roi doit apprendre à connaître. On y trouve des détails étonnants sur des régions où les rois ont envoyé maintes caravanes. Toutes les fois que le roi aura envie de partir en campagne dans ces pays, quand il voudra envoyer une expédition, il pourra s'imprégner de ces textes et prendre des décisions en toute connaissance de cause.

– Nous avons des briques très anciennes... reprit le scribe en tendant à Aÿ celles qui concernaient de vieilles expéditions.

– Elles datent des règnes d'Hatchepsout et de Thoutmosis III. Elles apprendront à Toutankhamon comment on organise une expédition lointaine et une campagne fructueuse.

– Tu songes donc à les garder ?

– Oui. Nous avons sous les yeux le parcours effectué par les courageux Égyptiens partis dans la région du Pount sous le règne d'Hatchepsout, les tractations qu'ils ont faites et les cadeaux qu'ils ont offerts aux indigènes. Que signifient ces dialogues ?

– Le couple royal du pays du Pount demande aux Égyptiens comment ils ont réussi à arriver jusqu'à leur contrée. Après un récit plein d'anecdotes, le chef de l'expédition étale ses présents sous une tente et obtient en échange de l'or et plus de trente arbres à encens.

– Là, les messagers de Thoutmosis III racontent avec angoisse et douleur leur propre campagne. Ils parlent de déserts impitoyables et de morts par centaines. Ils rappellent tous comment ils ont failli mourir sous le soleil. Ils prétendent qu'ils ont eu peur face aux arcs tendus. Certains évoquent leur rencontre avec une fille très belle dans un champ fleuri. Mais leurs souvenirs sont souvent tourmentés. Toutankhamon doit comprendre qu'il lui faudra, comme les autres rois, récompenser ses messagers.

– Voilà la lettre que Senout a adressée à Akhenaton, dit le scribe en se baissant de nouveau. « Le roi me donna une vraie maison royale, des biens, un parc avec des kiosques agréables, des meubles dignes du palais, des vêtements confectionnés dans les ateliers royaux, des parfums sublimes. J'ai des serviteurs. Dans chaque pièce, je retrouve chaque jour des objets précieux que les rois ou les fonctionnaires m'ont offerts et qui me réjouissent. Finies la saleté des pays étrangers, la poussière des chemins. Je me vêtirai dorénavant de lin frais et je me parfumerai d'odeurs délicieuses. Je coucherai enfin dans un lit moelleux et non plus dans le sable. Tant d'ouvriers ont travaillé dans cette maison ! Le roi me fait servir chaque jour des pâtisseries. Il veut me faire construire une pyramide éternelle qui serait bâtie là où le responsable des arpenteurs l'aurait décidé et qui serait décorée par les meilleurs. J'aurai des meubles funéraires sublimes et des terres choisies par le roi sur ses propres terrains ainsi qu'il le fait pour ses amis les plus proches. Même ma statue sera sculptée, comme ma pyramide de pierre, par les plus grands. »

– Très bien. Gardons-la. Bientôt, d'autres briques viendront s'ajouter à celles-ci et témoigneront du règne de notre jeune pharaon car je ne doute pas qu'il restera dans l'histoire. J'y veillerai même si les chacals rôdent. Le roi n'en est pas conscient. On complote contre lui, contre nous, contre le régime en place. À moi de protéger la reine et le roi en espérant qu'Amon me laisse suffisamment longtemps sur cette terre pour leur éviter le pire.

Annexes

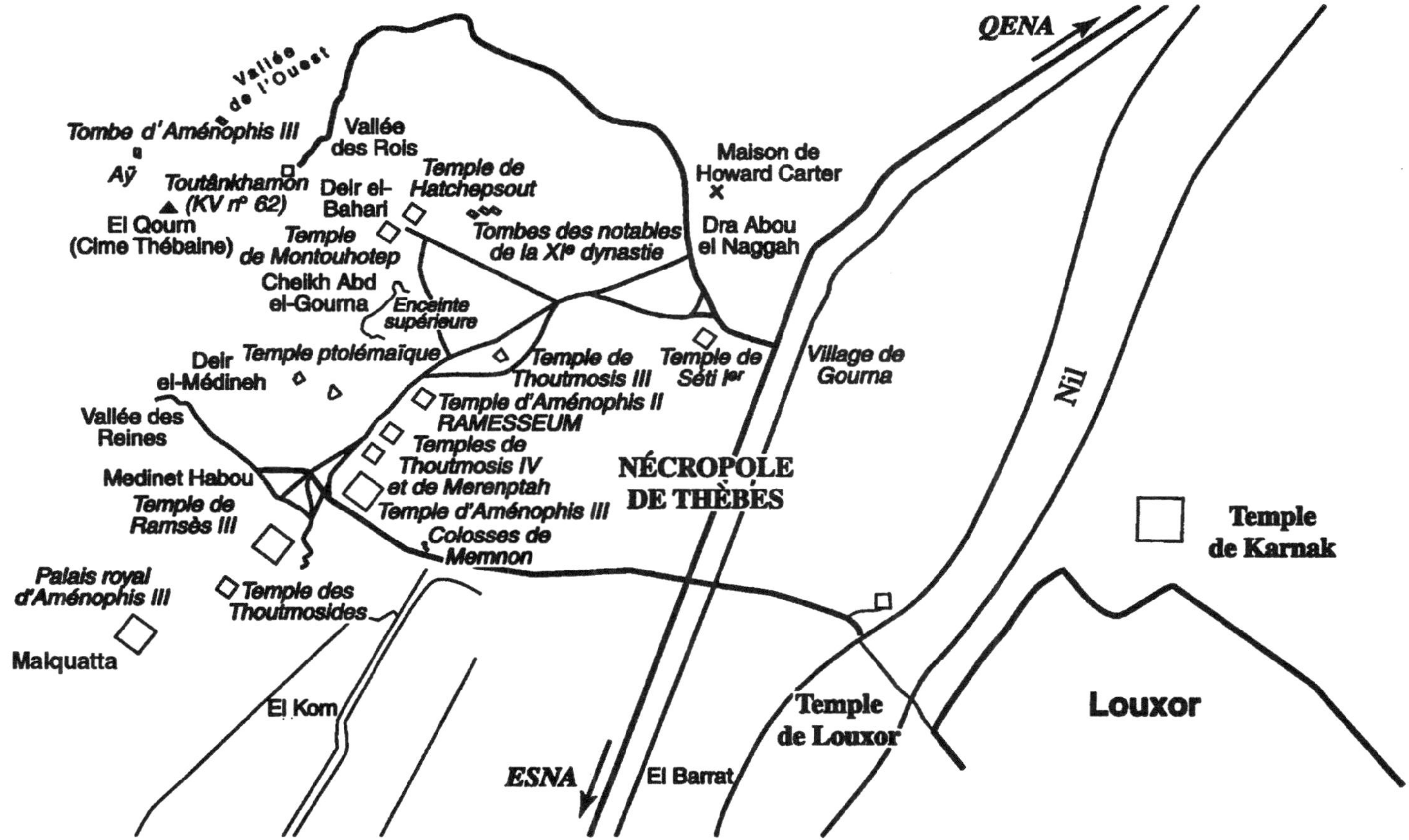

Thèbes-Ouest

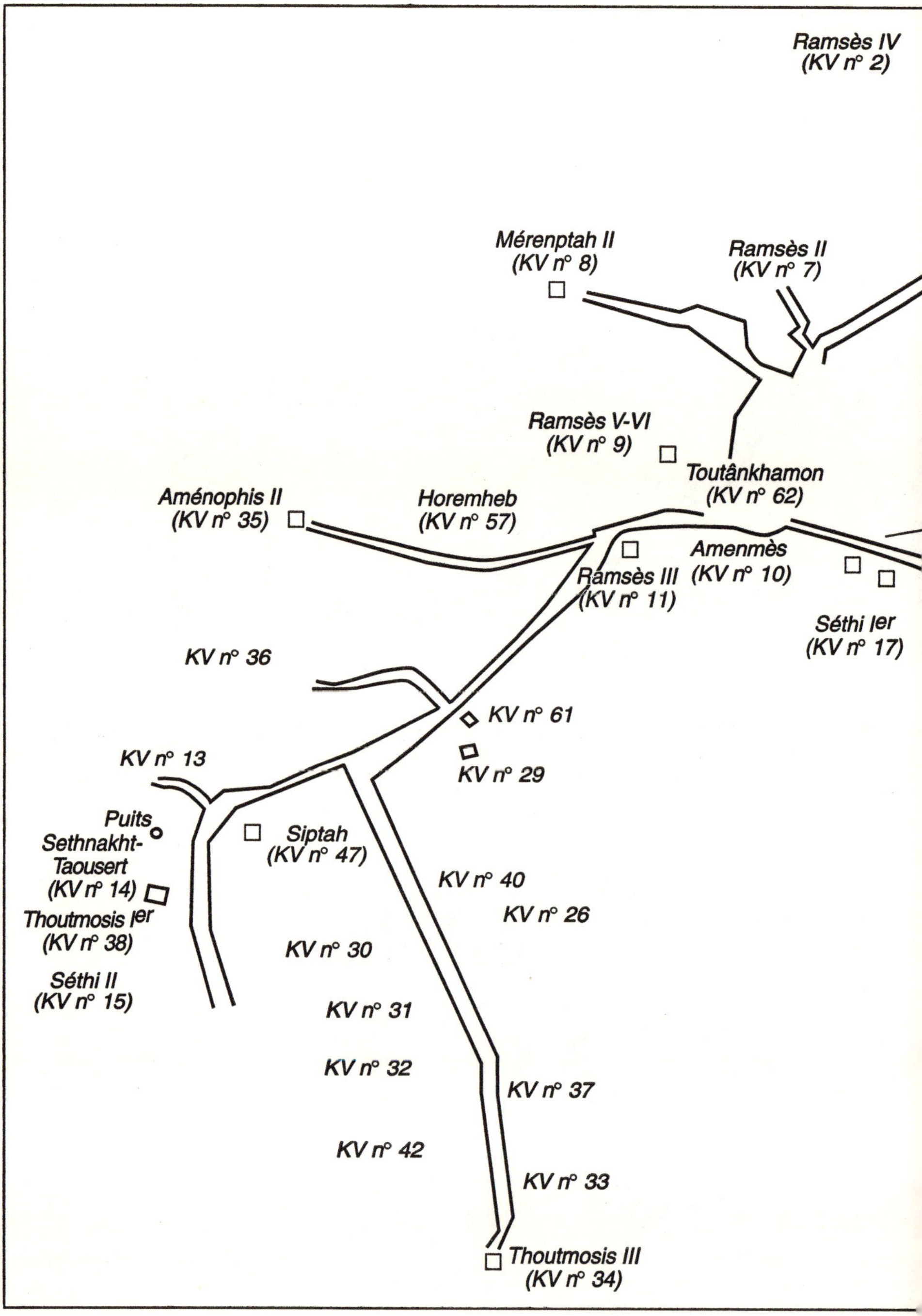

La Vallée des Rois

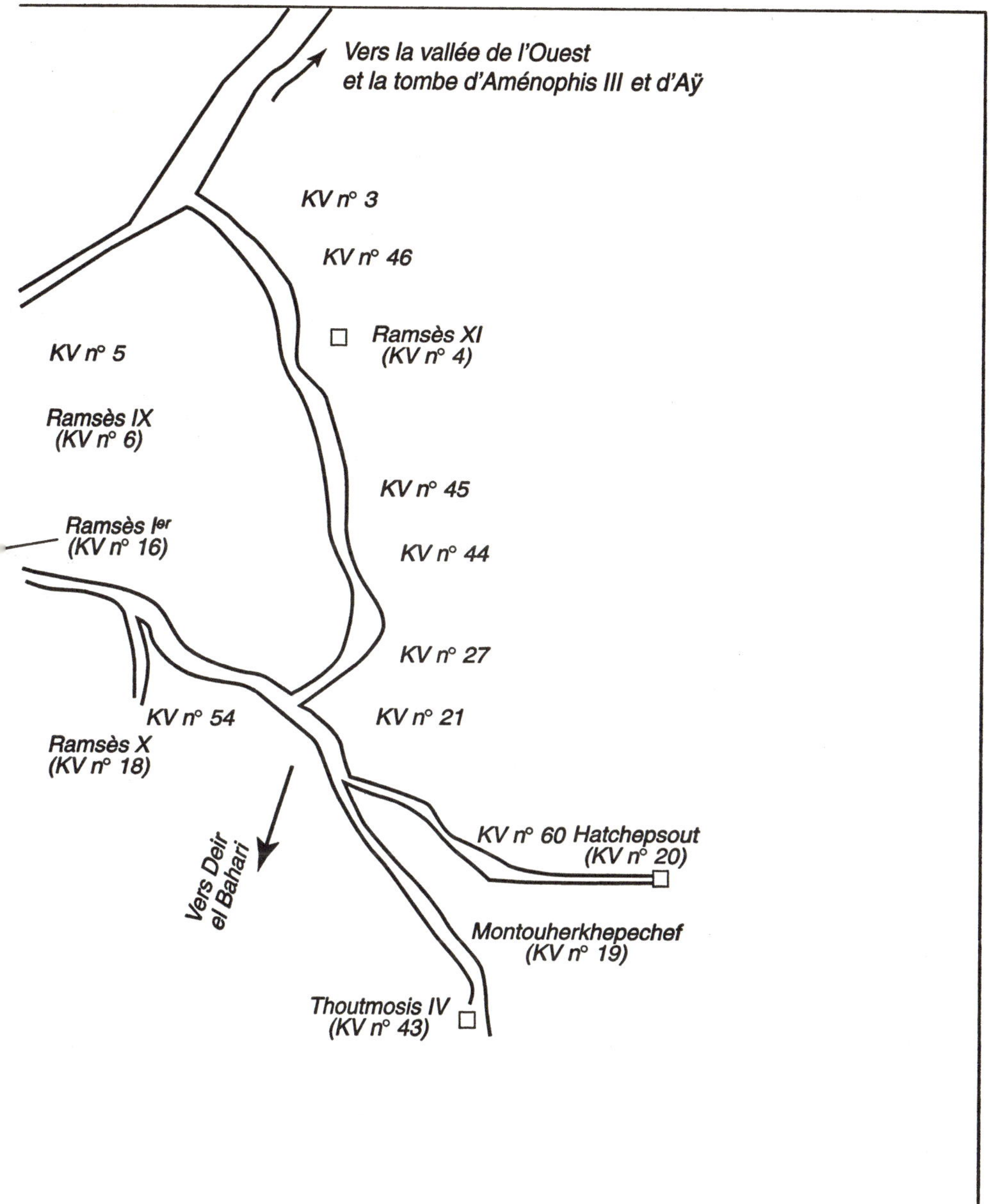
Vers la vallée de l'Ouest
et la tombe d'Aménophis III et d'Aÿ
KV n° 3
KV n° 46
Ramsès XI
(KV n° 4)
KV n° 5
Ramsès IX
(KV n° 6)
KV n° 45
Ramsès Ier
(KV n° 16)
KV n° 44
KV n° 27
KV n° 54
KV n° 21
Ramsès X
(KV n° 18)
Vers Deir
el Bahari
KV n° 60 Hatchepsout
(KV n° 20)
Montouherkhepechef
(KV n° 19)
Thoutmosis IV
(KV n° 43)
N
0 20 40 60 80 100 mètres

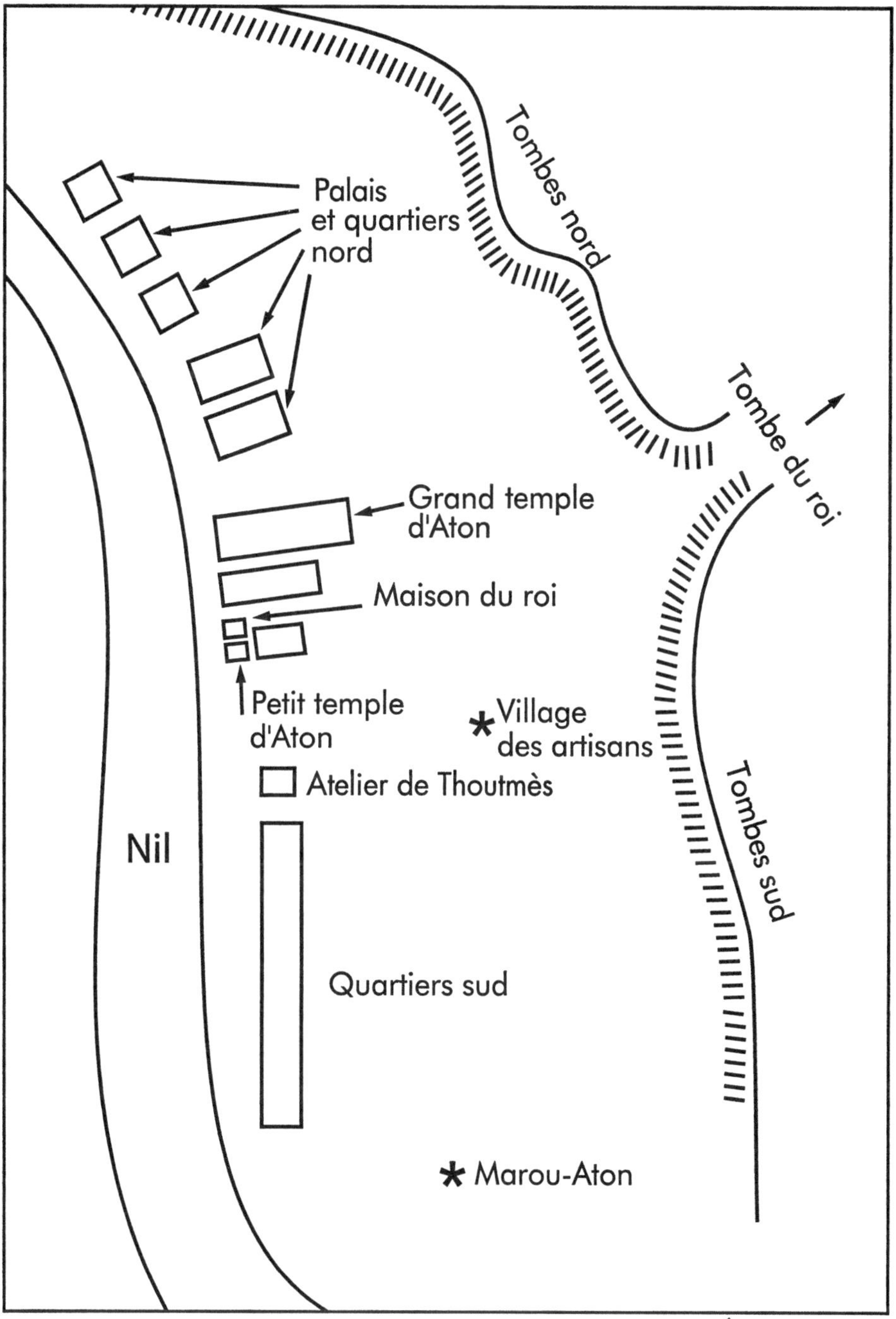

Akhetaton (actuelle Amarna en Moyenne Égypte)

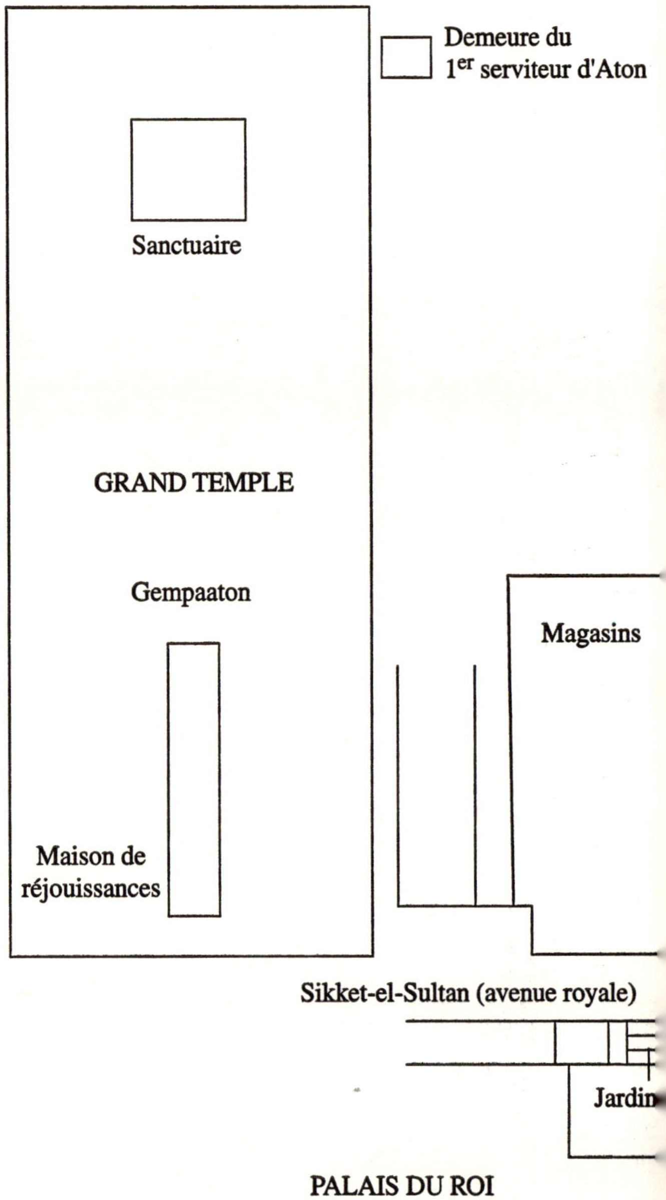

Centre ville d'Akhetaton

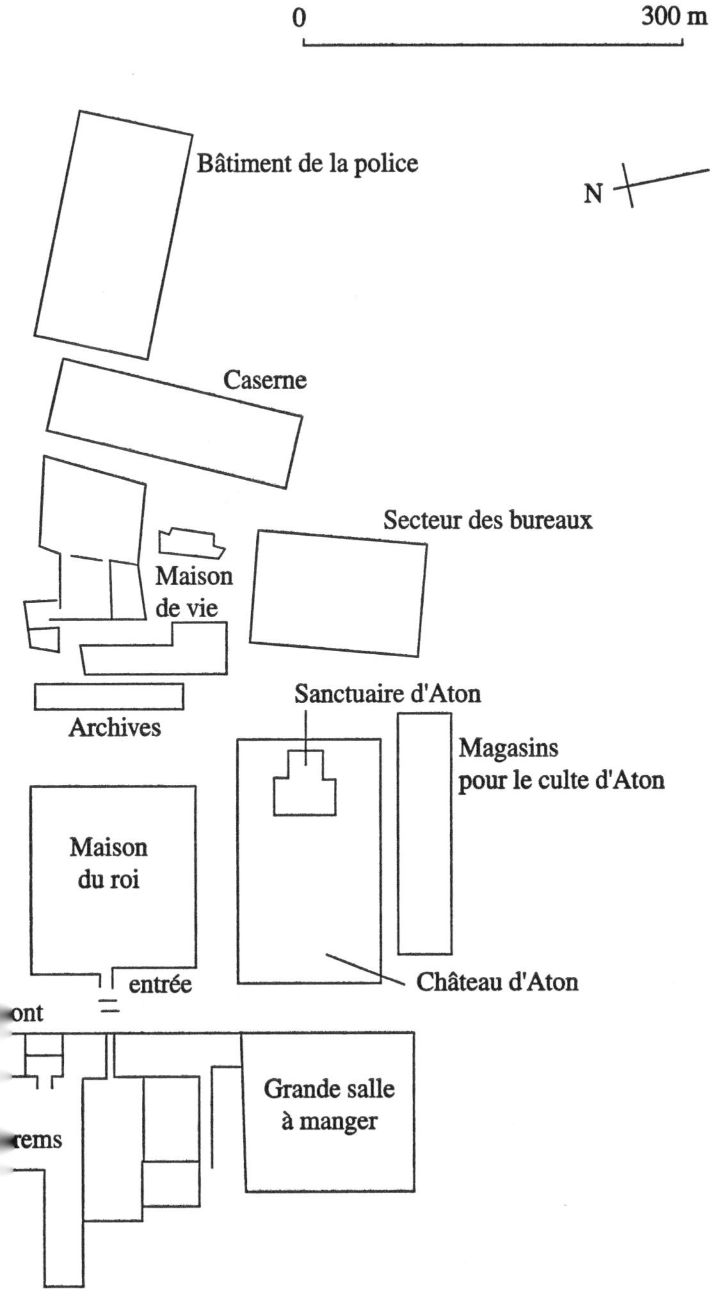
0
300 m
Bâtiment de la police
N
Caserne
Secteur des bureaux
Maison
de vie
Sanctuaire d'Aton
Archives
Magasins
pour le culte d'Aton
Maison
du roi
entrée
Château d'Aton
ont
Grande salle
à manger
rems

RAPPELS CHRONOLOGIQUES
(les dates sont approximatives)

Environ 3000 av. J.-C. :
* Période prédynastique.

Première partie du troisième millénaire avant J.-C. :
* Période thinite (Ire et IIe dynasties – env. 3150-2686 av. J.-C.).
Narmer : 1er pharaon.

Deuxième partie du troisième millénaire avant J.-C. :
* Ancien Empire (IIIe dynastie : Djéser ; IVe dynastie : Snéfrou, Khéops, Didoufri, Khephren, Mykérinos ; Ve dynastie : Sahourê, Niouserrê, Ounas ; VIe dynastie : Téti, Pépi I, Pépi II).

Fin du troisième millénaire avant J.-C. :
* Première Période Intermédiaire (VIIe dynastie-XIe dynastie – env. 2181-2040 av. J.-C.).

Première partie du deuxième millénaire avant J.-C. :
* Moyen Empire (XIe dynastie : Montouhotep I, II ; XIIe dynastie : Amenhemat, Sésostris).
* Deuxième Période Intermédiaire (XIIIe à XVIIe dynastie).
Pendant les XVe et XVIe dynasties s'imposent les envahisseurs Hyksos (XVIIIe-XVIe siècle avant J.-C.) qui gou-

vernent à Avaris tandis que des rois ou gouverneurs égyptiens dirigent l'Égypte du Sud à Thèbes.

Deuxième partie du deuxième millénaire avant J.-C. :
* Nouvel Empire : (1570-1070 env. av. J.-C.).

– XVIIIe dynastie : Ahmosis vainqueur des Hyksos-Grande Épouse royale, Ahmès-Néfertari
Aménophis Ier
Thoutmosis Ier-Grande Épouse royale, Ahmose
Thoutmosis II
Hatchepsout
Thoutmosis III-Grande Épouse royale Méryrêt-Hatchepsout II
Aménophis II-Grande Épouse royale Tiâa
Thoutmosis IV [env. 1397(?)-1387/8 av. J.-C.]-Grande Épouse Néfertary
Aménophis III (env. 1387/8-1348/9)-Grande Épouse Tiyi
Aménophis IV-Akhenaton [env. 1352/50-1338/36 (?) av. J.-C.]-Grande Épouse Néfertiti
Semenkharê (?) [env. 1338 (?)-1336 (?)] av. J.-C.
Toutankhamon (env. 1336-1327 av. J.-C.)
Aÿ [env. 1327 (?)-1323 (?) av. J.-C]
Horemheb

– XIXe dynastie : Ramsès I, Séthi I, Ramsès II, Mérenptah, Séthi II, Amenmès, Siptah, Taousert, Sethnakht, Ramsès III, Ramsès IV à XI.

Première partie du premier millénaire avant J.-C. :
* Troisième Période Intermédiaire (XXIe dynastie : Smendès, Psousennès, Pinedjem ; XXIIe dynastie : Chechonq ; XXIIIe-XXVe dynastie : Piankhy, Chabaqa, Taharqa).

700-305 avant J.-C. :
* Basse Époque (XXVIe dynastie : Psammétique, Amasis ; XXVIIe dynastie : les Perses Cambyse et Darius ; XXVIIIe-XXIXe dynastie : Achoris ; XXXe dynastie : Nectanebo).

Domination du Perse Artaxerxès III.
Libération de l'Égypte par Alexandre le Grand qui crée Alexandrie.
Dynastie des Lagides avec les Ptolémées et les Cléopâtre (jusqu'en 30 avant J.-C., date de la bataille d'Actium).

Égypte romaine puis chrétienne en 39 ap. J.-C.

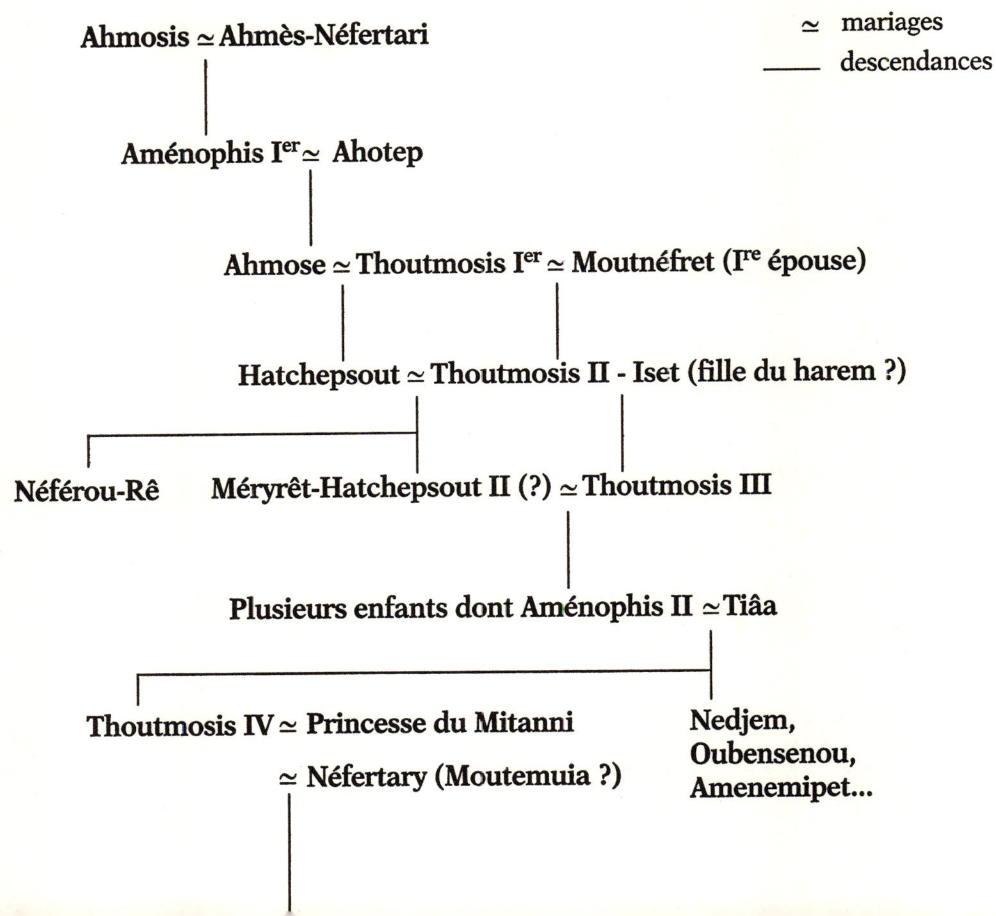

Ahmosis ≃ Ahmès-Néfertari
Aménophis Ier ≃ Ahotep
Ahmose ≃ Thoutmosis Ier ≃ Moutnéfret (Ire épouse)
Hatchepsout ≃ Thoutmosis II - Iset (fille du harem ?)
Néférou-Rê
Méryrêt-Hatchepsout II (?) ≃ Thoutmosis III
Plusieurs enfants dont Aménophis II ≃ Tiâa
Thoutmosis IV ≃ Princesse du Mitanni
≃ Néfertary (Moutemuia ?)
Nedjem, Oubensenou, Amenemipet...
≃ mariages
descendances

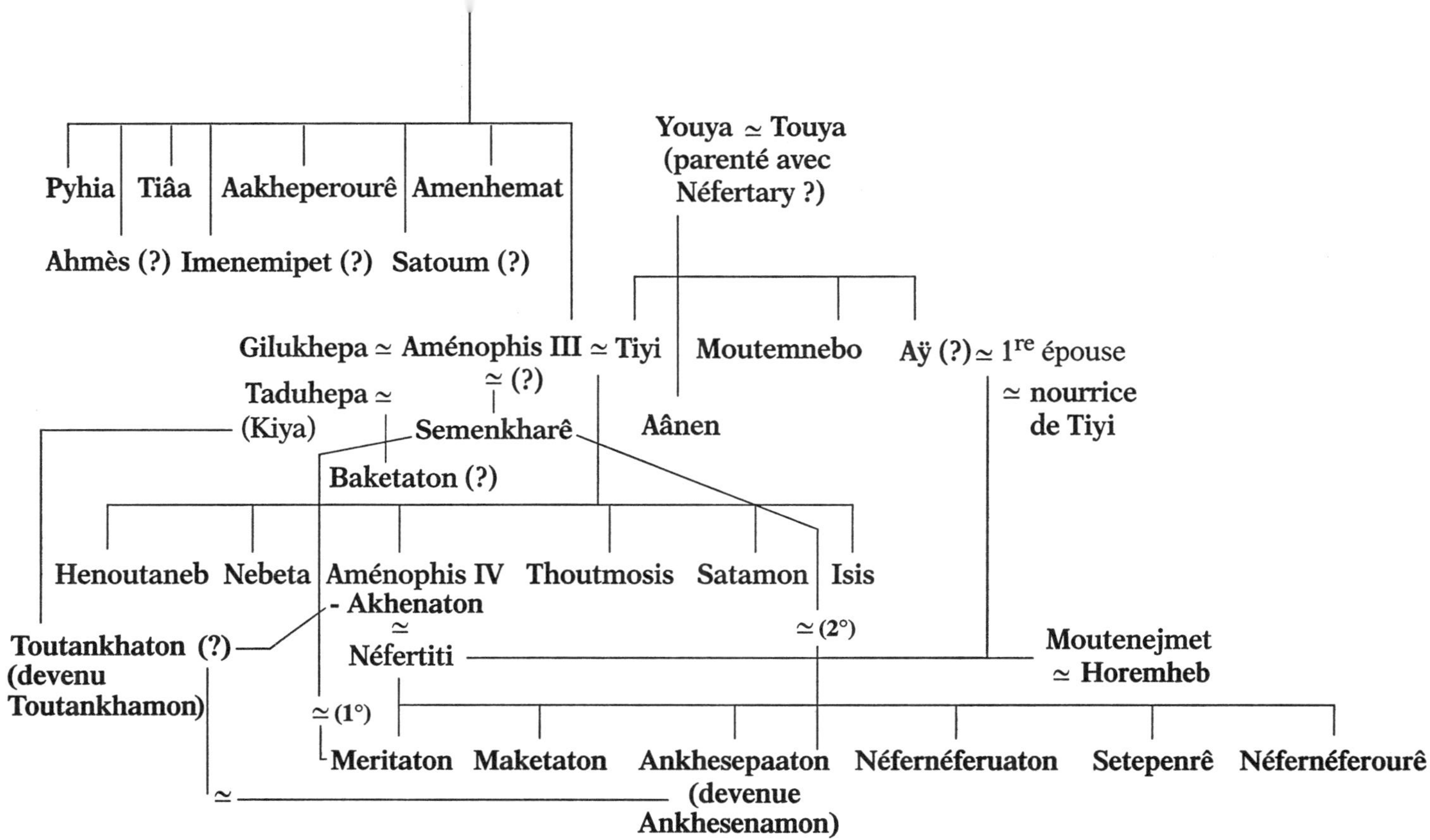

Arbre généalogique des premiers pharaons de la XVIIIe dynastie

LISTE DES PRINCIPAUX PERSONNAGES

Abdi-Achirta : Chef d'Amourrou.
Amenemipet : Assistant de Houy.
Amenhemat : Grand Prêtre d'Amon.
Amenhotep : Fils de Hapou et de Itou. Architecte.
Amenhotep : Architecte ayant succédé au premier Amenhotep.
Amonmès : Intendant dirigeant Thèbes.
Aperhel : Fonctionnaire chargé du culte d'Amon.
Artashup : Messager.
Asal : Émissaire d'Aménophis IV.
Asli : Scribe.
Aÿ : Frère de Tiyi. Fils de Touya et de Youya.
Bak : Sculpteur.
Baketemané : Épouse de Meryrê.
Baki : Femme du prêtre Samout.
Beanna : Femme de Meriptah, responsable de Malqatta.
Capalescou : Mitannienne.
Chaoui : Échanson du roi.
Hatiai : Supérieur des greniers d'Aton.

Hékanéfer : Ami de Toutankhamon.
Hor : Artisan d'Amenhotep.
Horemheb : Général d'Aménophis III et d'Akhenaton. Époux de Moutenejmet, sœur de Néfertiti et fille d'Aÿ.
Houia : Intendant de Tiyi.
Housa : Chef du harem.
Houy : Vice-roi de Koush.
Ipouki : Artisan.
Irechepa : Coursier d'Aménophis III.
Iÿ : Cousin de Tiyi, chargé de son domaine. Fils de Moutemnebo.
Kadachman-Enlil : Roi de Babylone.
Khâ : Peintre du village des ouvriers.
Khaemhat : Chef des greniers.
Khaemouaset : Époux de Mana, chef des archers du Nord.
Khai : Riche fonctionnaire, ami de Toutankhamon.
Khnoumès : Fonctionnaire chargé des greniers d'Amon à Karnak.
Kiya : Nom égyptien de Taduhepa.
Maabal : Émissaire d'Aménophis IV.
Maïa : Nourrice de Toutankhamon.
Mana : Chanteuse du culte de Bastet, femme de Khaemouaset.
Maou : Chef de la police à Akhetaton.
May : Scribe et surintendant du bétail du temple de Rê. Architecte.
Mayé : Chef des chantiers.
Mena : Sculpteur.
Meni : Grand Prêtre d'Amon.
Menna : Scribe des champs royaux.
Mérymès : Vice-roi de Koush.
Meriptah : Responsable de Malquatta.
Meryrê : Père nourricier. Époux de Baketemané.
Mesu : Gardien du domaine de Tiyi.

Mirptah : Chef des porte-enseignes du bateau royal *Khaemaât*.

Moïse : Fils d'Abraham.

Monaktouf : Architecte.

Moutenejmet : Sœur de Néfertiti.

Moutemnebo : Sœur de Tiyi.

Nabi : Frère de Moïse.

Nakhmin : Général.

Nebamon : Artisan.

Neben : Porte-étendard du *Khaemaât*.

Nebesen : Scribe du Trésor.

Nebetia : Fille de Meryrê.

Neferophis : Fonctionnaire chargé des greniers d'Amon à Karnak.

Neferenpet : Chef des carriers.

Nepnefer : Grand Prêtre de Karnak.

Ouserhat : Chef du harem.

Paeno : Chef de garnison à Koush.

Païri : Fils royal.

Panakht : Responsable du temple d'Aménophis en Nubie.

Paoua : Grand Prêtre d'Héliopolis.

Parenefer : Échanson.

Paser : Frère de Houy.

Penhout : Supérieur des régions du Nord.

Pentou : Médecin du roi.

Ptahmès : Fils du vizir Thoutmès. Grand Prêtre de Ptah.

Ptamosis : Fils de Menkheper. Grand Prêtre de Ptah.

Quenamon : Intendant du palais royal de Memphis.

Ramosé : Vizir.

Rêapi : Chef des archives.

Ribada : Gouverneur de Byblos.

Samout : Grand Prêtre de Karnak.

Satamon : Fille aînée de Tiyi et d'Aménophis III.

Sebekhopis : Éducateur d'Aménophis III, mari de Méryt.

Sennefer : Fonctionnaire du roi.

Set : Échanson du roi.

Seth : Messager.

Shami : Fonctionnaire babylonien.

Supiluliuma : Roi du Hatti.

Surer : Intendant du roi.

Taduhepa : Fille de Tushratta, appelée Kiya.

Tarundaradu : Chef d'Arzawa.

Temouadjès : Supérieure du harem. Sœur de Houy.

Tétnou : Chargé du sceau.

Thoutmès : Vizir sous Thoutmosis IV et Aménophis III.

Timia : Danseuse.

Taïtaï : Grand Prêtre de Thot à Hermopolis.

Toutou : Fonctionnaire d'Aménophis IV.

Remerciements

Je remercie M. Hosni Moubarak, Président de la République arabe d'Égypte ; M. Farouk Hosni, ministre de la Culture ; M. Mandouh el Beltagui, ministre du Tourisme ; M. Sabry Abd el Aziz Khater, responsable des Antiquités pharaoniques auprès du CSAE, qui facilitent depuis de très nombreuses années mon travail en Égypte ; M. Ali el Asfar, directeur des Antiquités de Haute Égypte ; M. Adel El Masri, directeur d'EgyptAir en France ; M. Kebir d'EgyptAir ; Mme Yushreia Ismaïl, sous-secrétaire au ministère du Tourisme ; Mme Sonia Guirguis et Mme Nahed Risk, directrice de l'Office du tourisme égyptien, pour leur aide extrêmement précieuse ; M. Khaled Bakir, conseiller de presse à l'ambassade de la République arabe d'Égypte ; M. Osama Abd el Afiz pour son efficacité et son accueil ; M. Rami Nazmy de l'E.T.A au Caire ; Mme Suzanne Matsakis et M. Jean Robert Reznik du groupe Accor, fidèle partenaire culturel ; Mme Catherine Magnien ; M. Alain Y. Khoury pour sa précieuse collaboration.

Je tiens à remercier très chaleureusement M. Randolph Edmonds, directeur général du Sofitel Winter Palace de Louxor, établissement historique et remarquable.

Mes plus vifs remerciements vont aussi à M. Rajiv Kaul du Mena House de Gizeh ; Mme Gunnel Nejjar du Riad Salam de Casablanca ; Mme Aziz de l'Imperial Borj de Marrakech ; Mme Anissa Bouchkoura de la légendaire Mamounia de Marrakech ; M. Patrick Ghielmetti du Four Seasons de Sharm ; M. Werner Gessner de l'original Sonesta Beach de Sharm ; Mme Bouayad de l'hôtel Amine de Marrakech ; M. Jacques Bouriot et Mme Fatima Hassoune du Palmeraie Golf Palace de Marrakech et Mme Zakia du Tichka de Marrakech.

Je salue de tels humanistes, attentifs à la culture, grâce à qui la recherche, l'histoire et les découvertes progressent et qui permettent au patrimoine international de sortir de l'ombre et d'être connu de tous.

Violaine VANOYEKE

JEU-CONCOURS

GAGNEZ
UN SÉJOUR DANS UN PALACE EN ÉGYPTE
Pour deux personnes

À l'occasion de la parution du tome 2 de *Toutankhamon* de Violaine Vanoyeke, les éditions Michel Lafon organisent un concours du 30 janvier 2004 au 15 mars 2004.

1er prix : trois nuits avec petits déjeuners pour deux personnes au Meridien Makadi Bay d'Hourghada au bord de la mer Rouge, valable jusqu'au mois de juin 2004.

Du 2e au 5e prix : les trois tomes de la trilogie *Thoutmosis* de Violaine Vanoyeke parue aux éditions Michel Lafon.

Du 6e au 20e prix : *Les Voluptueuses de l'Égypte à Rome* de Violaine Vanoyeke, parue aux éditions Michel Lafon, dédicacée par l'auteur.

Extraits du règlement

Article 1 : Les éditions Michel Lafon organisent un jeu gratuit et sans obligation d'achat à l'occasion de la parution du livre de Violaine Vanoyeke *Toutankhamon, la Fille de Néfertiti*. Ce jeu est organisé avec le concours du Meridien Makadi Bay d'Hourghada.

Article 2 : Ce jeu est ouvert aux plus de dix-huit ans à l'exclusion des collaborateurs des éditions Michel Lafon et des autres partenaires.

Article 3 : Pour participer, il suffit de retourner avant le 15 mars 2004 (le cachet de la poste faisant foi), le bulletin-réponse complété à l'organisateur. Tout bulletin surchargé, raturé, incomplet, illisible sera considéré comme nul. Il ne sera admis qu'un seul bulletin par participant.

Article 4 : La détermination des gagnants se fera par tirage au sort après vérification des bonnes réponses aux questions.

Article 5 : Les gagnants seront avertis personnellement par courrier, à l'issue du tirage au sort.

Article 6 : Il ne sera pas possible d'obtenir l'échange ni la contrevaleur en espèces des prix.

Le règlement complet, déposé chez Maître Huguet-Joannou, huissier, peut être demandé aux éditions Michel Lafon, 7-13, bd Paul-Émile-Victor, Île de la Jatte, 92521 Neuilly-sur-Seine Cedex.

Avec la participation de

Le MERIDIEN
MAKADI BAY RESORT

maisondelapresse

CONCOURS
« VIOLAINE VANOYEKE »

I) Quel fonctionnaire complote contre le roi ?
1. Panéhésy 2. Royi 3. Shurê

II) Dans quelle région Houy est-il nommé ?
1. En Asie 2. En Nubie 3. En Libye

III) Quel présent le Grand Prêtre d'Aton reçoit-il du roi Semenkharê avant d'être invité à la cour ?
1. Des fleurs 2. Des fruits 3. Des pâtisseries

Toutes les réponses se trouvent dans le livre de Violaine Vanoyeke *Toutankhamon, la Fille de Néfertiti.*

BULLETIN-RÉPONSE
Toutankhamon, la Fille de Néfertiti

Retourner le bulletin recopié, photocopié ou découpé avant le 15 mars 2004 à :

« Concours Violaine Vanoyeke »
Toutankhamon, la Fille de Néfertiti
Éditions Michel Lafon
7-13, bd Paul-Émile-Victor – Île de la jatte
92521 Neuilly-sur-Seine Cedex

Entourez la réponse choisie (1, 2 ou 3)

Question I	Question II	Question III
1 2 3	1 2 3	1 2 3

Nom : .... Prénom : ....
Adresse : ....
....
Tél. : ....

Direction littéraire
Huguette Maure
assistée de
Marie Dreyfuss
et
Maggy Noël

Crédit photographique
Engerer – Vanoyeke

Composé par P.C.A.
44400 – Rezé

Impression réalisée sur CAMERON par

BRODARD & TAUPIN
GROUPE CPI

La Flèche

pour le compte des Éditions Michel Lafon
en janvier 2004

Imprimé en France
Dépôt légal : janvier 2004
N° d'impression : 22060
ISBN : 2-7499-0052-2
LAF 379 B